抗日名将
张自忠

鹿理梅◎著

内蒙古出版集团　远方出版社

图书在版编目（CIP）数据

抗日名将张自忠 / 鹿理梅著. -- 呼和浩特 : 远方出版社, 2016.5
ISBN 978-7-5555-0613-3

Ⅰ. ①抗… Ⅱ. ①鹿… Ⅲ. ①张自忠（1891 ～ 1940）－ 生平事迹
Ⅳ. ①K825.2

中国版本图书馆CIP数据核字（2016）第105530号

抗日名将张自忠

作　　者	鹿理梅
责任编辑	董美鲜　雅茹贵
装帧设计	金　刚
出版发行	内蒙古出版集团　远方出版社
社　　址	呼和浩特市乌兰察布东路666号　邮编 010010
电　　话	（0471）2236471总编室　2236460发行部
经　　销	新华书店
印　　刷	北京毅峰迅捷印刷有限公司
开　　本	710mm×1000mm　1/16
字　　数	197千
印　　张	16
版　　次	2016年6月第1版
印　　次	2016年6月第1次印刷
印　　数	1—10000册
标准书号	ISBN 978-7-5555-0613-3
定　　价	36.00元

如发现印装质量问题，请与出版社联系调换

张自忠

序 言

人民不会忘记你

——张自忠

二〇一五年是抗日战争胜利暨世界反法西斯战争胜利七十周年。此时此刻，中国人民不会忘记那些在抗日战争中牺牲的烈士们。作为土生土长的山东人，我把目光投向那些在抗战中为国捐躯的山东籍烈士，这些烈士很多很多，他们都像一颗一颗的星星，镶嵌在历史的天空中，闪烁着璀璨的光芒。在众多的星星中，我找到了最大最亮的那一颗，他的名字叫张自忠。这位出生在山东省临清市的将军，在抗日战争中献出了宝贵的生命。于是，当时国民党政府为了纪念张自忠，就以他的名字为道路命名。

在北京、天津、上海、武汉这四座大城市，都有一条以张自忠的名字命名的路。一九五二年，毛泽东为张自忠等三位国民党抗日烈士颁发了烈士证书，他们爱国抗日的事迹得到了肯定，以张自忠名字命名的道路继续使用他的名字。

进二十一世纪，北京这座大城市发生了很多变化，张自忠路也在悄然发生着改变。路越变越宽，两旁的古建筑和现代时尚的建筑共存，在林立的高楼和车水马龙的街道中，人们过着快节奏的都市生活；不过，依然无法改变的，是人民对张自忠的尊敬和怀念。在重庆市，矗立着一座高四米的张自忠的全身铜像。铜像立在那里，看上去是那样的高大、那样的凛然，似乎在对后人诉说着那些永远也忘不掉的历史伤痛，他好像在提醒后人:

忘记历史就意味着背叛。

二〇一〇年五月十六日，为了纪念张自忠将军牺牲七十周年，重庆市的各界群众来到他的铜像前献上鲜花，表达着人民对这位将军的敬仰和怀念。人民不会忘记你，张自忠将军；历史不会忘记你，你就像一座巍巍的丰碑，永远耸立在人民的心里。

打开网页，输入张自忠的名字，点击搜索，很快地一张张图片和一段一段的文字出现在我眼前。其中张自忠的照片使我眼前一亮：那是一位英俊的将军，他有一双明亮且仿佛会说话的大眼睛，身材高大挺拔。每次看到他的照片，我都觉得他仿佛在向我们诉说着什么。

他要诉说什么呢？诉说他经历的那一场残酷的战争？诉说他与日寇搏斗的事迹？诉说他的爱、他的恨？

现在，就请跟随我的笔，穿越时空隧道，回到过去，看看抗日名将张自忠的成长历程和光辉事迹，让我们用心去感悟他的一切。

此时，有个声音正在对后代说：我不是汉奸，不要把汉奸的罪名戴在我的头上，我要去战场，用我的热血保家卫国。

此时此刻，喧嚣与浮躁离我们远去，打开这本书，去追忆那位为国捐躯的一代名将张自忠。相信每一位喜欢和敬佩张自忠将军的读者，都非常想了解他的童年。这是正常的，因为，读者都想知道，名人的童年都经历过什么事情，那些经历对读者会不会有启发或者能带来什么启迪？很多名人的童年都有着和普通人不同的经历，那么现在，我就带领大家，回到将军的故乡，看一看这位驰骋战场的抗日名将，他是如何成长起来的，在他的童年时代和少年时代，发生过什么不一般的故事。

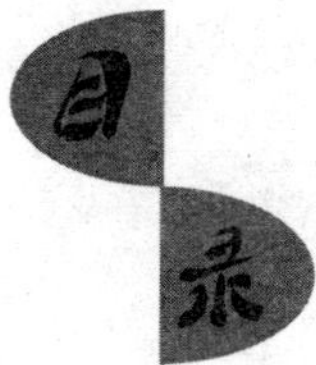

第一章
张家有子初长成

山东省临清市，是一座历史古城，它的地理位置很重要，位于卫运河与元明运河的交汇处。作为一个有水的城市，临清的水陆运输很发达，当年的临清，商业贸易很繁荣，被称为五大商埠之一，还曾有人说：南有苏杭，北有临张。临清的民风强悍，敢作敢为，有侠义之风，正因如此才造就了很多英雄人物。

明朝万历年间，临沂有一个叫马堂的税监，他打着征税的幌子，到处搜刮百姓的钱财，老百姓忍无可忍，终于揭竿而起。朝廷非但不处罚马堂，反而派兵前来镇压暴动的群众，眼看很多群众就要被官兵包围，危急关头，有位石匠名叫王朝佐，他勇敢地站了出来，承担了所有的罪名，他被斩首了，而其他参与暴动的群众都活了下来。

到了清朝，又出现了很多英雄，他们与腐败的朝廷抗争过，虽然都以失败告终，但是，他们不屈不挠的精神却被后代铭记。到了十八世纪末，在临清的这块土地上，诞生了一位传奇将军，他曾担任三十三集团军的总司令，参加过中原大战等多次战役，在抗日战争中屡建奇功，他的名字叫张自忠。

张自忠将军的部将董升堂在《张自忠将军生平概述》一文中，在《投笔从戎》的章节中，他对张自忠将军的那段人生经历是这样描述的：

“张自忠，字荩忱，一八九一年旧历七月七日出生于山东省临清县唐园村。父亲张树桂，曾任江苏省赣榆县巡检，勤廉爱民，政绩卓越，后来升任赣榆县正堂。母亲冯氏，慈祥贤淑、教子有方。兄弟七人，自忠行五。他十岁时，随父在赣榆县读私塾。十六岁那年，他返回了原籍。在他动身后的第三天，父亲就在任所病逝了。母亲和七弟自明也运柩回原籍。这以后，他就在临清县高等小学堂读书。

一九一一年，他考入了天津政法学堂，后来转学到了济南法政专门学校。”

张自忠的部将董升堂对张将军的童年写得非常简练，从这短短的几行字里，读者也能品味到其中的辛酸滋味。在少年时代张自忠就失去了父亲，对于一个正在成长的少年来说，真正的痛苦就是在成长的旅途中，失去家人的陪伴。而父爱对于正在成长的少年来说，是非常关键的，尤其是父亲对儿子的那种特别的爱，不是母爱可以弥补的。失去父爱的张自忠并没有像有的男孩那样成为顽劣的孩子，甚至成为问题男孩；他越来越懂事，在之后的将军生涯中，也像他父亲那样勤廉爱民。

我听过很多的名人传奇故事，但凡名人出生，天象都会出现特别的变化，什么彩霞满天、什么万道金光，天气都会发生很多变化，甚至还会出现很多与众不同的景象，甚至是雷鸣电闪之类的，让人听了神乎其神，其实，那都只是传说罢了。

张自忠将军出生的那一年的那一天，虽然没出现什么特别的天象，但却发生了很多的事情。那个时代，正是清朝统治的时期，当年兴盛的清朝已经开始走向了衰败，即使清朝还在苟延残喘，做垂死的挣扎，可还是摆脱不了毁灭的命运。

老佛爷慈禧，还在做着她的大清长寿梦；大清朝的那些王爷权贵们，还在做着富贵梦。但是，在百姓心中，大清朝廷已经像一块朽木，散发着腐烂的味道，就像快要倒塌的楼宇，只需要一道闪电，就能劈开这鬼魅的世界。

就在这风云变幻的时代，张自忠出生了，他生于一八九一年的八月十一日，他出生的那一年，被人称为“中国民族遇三千年未有之变局”。张自忠像所有的婴儿一样，哭着来到这个世界，他像普通的孩子那样，用嘹亮的哭声，开始了自己独有的人生。一八九一年的中国，是清政府统治的中国，对外腐败无能，外国列强不断地用武力侵略中国，清政府却无力抵抗；对内残酷剥削百姓，搞得民不聊生，在很多地方爆发了起义，清政府不想办法去解决百姓的生存问题，而是采用残酷镇压的手段，让更多的百姓义愤填膺。三年后，一八九四年，震惊中外的甲午战争爆发，清政府又是割地又是赔款，很多中国人感到了从没有过的耻辱。

在这样的大环境中，张自忠在一点一点地长大。到了 1894 年，张自忠三岁了，他有一双大大的眼睛，虎头虎脑的样子，非常可爱。张自忠的父亲张树桂在清朝做官，家里生活比较宽裕，母亲总担心他吃不饱，总是把一个装满花生糖果的小兜兜挂在他的胸前，笑着对他说：

“儿子，你饿了，就拿出来吃。”

三岁的张自忠冲母亲笑了笑，跑出去和小伙伴们玩耍。当他看见那些饥肠辘辘的小伙伴们，他就用手掏出小兜兜里的花生糖果，开心地与小伙伴们一起分享，他看见小伙伴们吃得有滋有味，他就特别高兴，比自己吃了还高兴。都说：从小懂得与大家分享的孩子，长大后一定有爱心，有责任感。张自忠三岁时就知道把自己的好东西分给大家，虽然不明白什么高深的大道理，可在他的心里，却埋下了一颗种子，这颗种子的名字就是善良和友爱。

我忽然想起三字经里面的一句话：“人之初，性本善。”这句话的意思就是告诉大家：每个人刚降生的时候，在人类还是小孩子的时候，他们的本性都是善良的。后来，人长大了，随着家庭教育不同、生活的环境不同、人生经历不同，人的本性都会发生一些变化，看似很复杂，其实很容易理解。

张自忠小的时候就是一个懂得友爱且心地善良的孩子，我想这与儿时的天性有关系，也与家庭教育有关。如果是在一个以暴制暴的家庭里长大的孩子，他肯定不会是一个善良的孩子。所以，会教育孩子的家长，都会从自身做起、言传身教，而不是花钱送孩子去礼仪班，刻意地去学习某些呆板的东西。

一八九八年，中国发生了一件重大的历史事件，百日维新运动的主要领导者被清政府杀害，百日维新运动失败了。虽然这次运动被清政府用残酷的手段镇压了下去，但此时，清王朝已经是伤痕累累，摇摇欲坠了。人民期待一个新政权的诞生，期待中国像凤凰涅槃般的重生。

一九〇〇年，山东爆发了义和团运动，临清也成为义和团运动的重要的活动中心，义和团运动的口号是：扶清灭洋。这次运动搞得轰轰烈烈，虽然，打击了外国侵略者，但由于这是一次被历史学家称为没有组织没有纲领的混乱的农民起义，所以这次运动的结局注定就是失败。

在这样的动荡年月里，张自忠的父亲张树桂依然在清朝做官。此时的张自忠正在慢慢地长大，他已经九岁了，九岁的孩子开始想要读书、想要学习、想要了解这个世界。都说乱世出英雄。正因为出生在这样的乱世，也正因为在临清这样的侠义之乡长大，张自忠的性格非常豪爽和充满侠义之气。

有一年，张自忠在村里玩耍，他发现村里很多的佃户，吃的都是糠做的窝窝头和野菜团子，生活非常艰难。于是张自忠就想起家里有很多的白馒头，他想：我要把家里的白馒头送给他们吃。可他又想：如果村里的佃户不要他家的白馒头，那可怎么办呢？

张自忠思来想去，终于想出了一个好办法：交换。他从家里拿出很多的白馒头，来到佃户们的面前，对他们说："我特别想吃糠做的窝窝头，我用白馒头来和你们交换。"

佃户们看见一个孩子想吃糠窝窝头，就没多想，急忙交换了。张自忠看见佃户们吃着香甜的白馒头，他心里别提有多高兴了，他这样做，让人看不到一点高高在上施舍的样子。

有时候，张自忠看到商贩在街上卖桃子和梨，他就把水果全包下来，然后把这些水果分给贫穷的乡亲们吃。他跑到母亲那里要钱，家里的人责怪他，他瞪大眼睛义正词严地说："人家买不起，咱们送一点给人家吃算什么？"家里的人听到后，往往是无话可说。

没事的时候，张自忠喜欢听故事，他最喜欢那些侠义英雄的故事，每次听到这些故事，他都会热血沸腾。在他的心里有一个英雄梦，他长大后一定要成为将军，像戚继光一样、像林则徐一样，做一个抗击外来侵略的民族英雄。

英雄的梦想在他的心里诞生了，那一年的张自忠还很小，可他的个子却在长高，他身上已经有了很多的力气。母亲看着虎虎有生气的张自忠，笑得很开心。父亲张树桂看着渐渐长大的张自忠，严肃地说："你长大了，该好好读书了，男儿要认真读书，长大后才能成才。"

张自忠的性格豪爽，他对读书没啥兴趣，却喜欢骑驴骑马，他梦想有一天，能够骑马去战场，杀敌立功。

而此时的中国满目疮痍，又怎能安放下一张书桌，让男儿坐下静静的读书。

此时的中国正在呼唤着英雄，而英雄正在慢慢地长大。在山东的临清，有个虎头虎脑的大男孩，他正坐在桌前，用手托腮沉思，他在想：为什么那么多的村里人都是佃户呢？为什么他们辛苦了一年又一年，却总是吃不饱肚子？为什么他们种的是麦子，磨出来的面粉却不能自己吃到肚子里呢？为什么？为什么？

张自忠的心里埋藏着无数个为什么，他开始思考、他开始琢磨，此时此刻，他迫不及待地想要揭开这无数个为什么？直到加入同盟会以后，张自忠终于明白，导致佃户吃不上白面的唯一原因就是不平等的剥削和压迫。想要人民过上幸福的生活，就要带领他们反抗剥削和压迫，建立一个平等的新社会。

一九〇五年，在江苏赣榆担任巡检的张树清因为颇有政绩，被清政府提拔，封为赣榆的五品知县。这时候的张自忠已经成长为一个十四岁的少年，少年时代的张自忠不喜欢待在宅院里，他总是趁着家里人不注意悄悄地溜出去到处游逛，他总是想象自己是位少年游侠，到处行侠仗义、打抱不平。

有一天，张自忠来到街上，没走多远就看见一个无赖正在欺负两个卖菜的老人。他冲到无赖的面前，对准无赖猛击了一拳，无赖也不甘示弱，两人打斗了起来。很快，张自忠就占了上风，无赖面对身材高大、充满力气的少年，知道自己无法取胜，只好服输。看着无赖向两位卖菜的老人赔礼道歉，张自忠才饶恕了那个无赖。

一心想做游侠的张自忠，在读书方面却并不用心，张树桂为了儿子能安心读书，他决定要把儿子送回老家临清去。可谁都没想到，当张自忠刚回到临清没几天，赣榆便变传来父亲去世的噩耗。张自忠得到这个消息后，万分悲痛，他哭了很久，他知道自己再也无法孝敬父亲了。

父亲去世了，张自忠还是个未成年的孩子，教育他的重担就落在了母亲的身上。张自忠的母亲冯氏是个没有读过书的女人，但是，冯氏聪明、干练，她把家庭管理得井井有条，教育儿子勤奋上进。冯氏心地善良，每到寒冬，她看到贫穷的乡亲忍饥挨饿，艰难地生活着，就会拿出家里储存的粮食和棉布，送给乡亲们，乡亲们非常感激善良

的冯氏。

母亲的一言一行，张自忠都记在心里，母亲就是他的榜样，他也希望自己长大以后，做一个像母亲那样的人。后来，张自忠成能够成为一个优秀的军官、一个可以为国家献出生命的军官，是因为：榜样的力量是无穷的，母亲就是他的榜样。

可以这样说，张自忠的童年和少年时代，是一个黑暗的时代，在这个时代出生的孩子，有的被黑暗吞掉了、有的被黑暗熏黑了，成为这个黑暗时代的帮凶。但是，有的孩子，相信光明和正义的力量，他们长大后，在黑暗里点起了光明之火，燃烧自己，照亮这个黑暗的世界。张自忠，成了一个点燃光明之火的军人，他在四十九岁的那一年，用自己的生命，点燃了中华民族誓死保护国家和人民的火种，让无数的后来者跟随着他的步伐勇敢前行。

转眼到了一九〇七年，张自忠十六岁了，母亲觉得儿子大了，应该给他娶个媳妇了。在二十一世纪，十六岁的孩子还是个少年，那是在学校读书的年龄；可在十九世纪，男孩子到了十六岁，一般到了结婚成家的年龄。按照旧习俗，张自忠结了婚，媳妇名叫李敏慧，是个十七岁的少女，她的父亲是临清县咨议局议员李化南。

结婚后的张自忠，不再像以前那样顽皮了，他开始成熟起来，对读书也有了兴趣。他的成熟让母亲很高兴，在母亲眼里，儿子一定会有大出息，他希望儿子日后前程似锦。

一九〇八年，张自忠考进了临清县的高等小学堂，也就是现在的中学，学校的课程都是四书五经，而这些四书五经里面又包含了很多的孔孟之道。从张自忠上学时候开始，他接触的都是这些传统的教育，对他的影响也是很大，那些忠孝仁义的思想在他的心里扎下了根。

张自忠除了学习，课余时间也喜欢看小说，他喜欢看的小说很多，比如《三国演义》《说唐》《说岳精忠传》，每次读这些小说，他都陶醉其中，不能自拔，在他心里，三国的那些英雄，都是他的榜样，他最喜欢的是关云长。

少年时代是美好的，但同时，也是短暂的，不管如何眷恋，美好的少年时代终归要结束的。一九〇一年的夏天，当知了还在树上拼命地唱歌的时候，张自忠在高等小学堂的学习时光结束了，他的少年时代也宣布结束了。

一九一〇年，张自忠十九岁了，个子高高的他，走在街上非常显眼，看着妻子、看着这个家，他的心里冒出了一个念头：好男不吃家里饭，既然已经成家了，就不能再靠家里人养活，一定要出去闯荡天下，做一个真正的男子汉。

就在张自忠想要闯荡天下的时候，一九一一年十月，孙中山领导的革命党人发动了震惊中外的武昌起义，这是一次资产阶级革命运动，这次运动被称为辛亥革命。这场革命席卷了全国，腐败的清政府想做垂死抵抗，可不管怎样挣扎，此时的清政府已如同西沉的落日，再也没有了一丝朝气，一个摇摇欲坠的政府，谁还会对它寄予希望呢？

一九一一年的冬天，二十岁的张自忠以优异的成绩考入了天津北洋法政学堂，他离开了临清，告别了母亲和妻子，开始了异地求学的生活。来到天津北洋政法学堂，他的眼睛亮了起来，周围的一切在他的眼里都是那样的不一般，学校里到处都涌动着革命和进步的思想，他第一次接触到了孙中山的三民主义学说和资产阶级革命政纲的内容，这些鲜活的思想，把他的头脑武装起来。

一九一一年的年底，张自忠做出了人生最重要的抉择，他秘密地加入了同盟会，他不想再做一个旁观者，他要参加这场轰轰烈烈的革命，他要成为驱除列强、恢复中华、建立民国、平均地权的一个参与者和一个见证者。这一年，山东发生了一件大事：山东巡抚孙宝琦宣布独立。一个清朝的巡抚为什么会突然宣布独立呢？当时设立在济南的山东省法政专门学校的校长丁潍汾是山东同盟会的负责人，他联合社会各界的进步人士，给孙宝琦施加各种压力。在社会各界的压力之下，孙宝琦不得不宣布独立。

在天津读书的张自忠听到这个消息后，立刻离开天津，回到了山东济南，转入山东法政专门学校，继续完成他的学业。他一边学习一边投身于革命运动，他觉得自己赶上了一个大时代，这是一个时势造英雄的时代，他相信辛亥革命一定能够成功。

孙中山历经坎坷和磨难，终于建立了中华民国，可这个政府里的要员们，有的是军阀出身，有的是心怀复辟思想的人。此时的袁世凯，就是心怀复辟思想的一个人，他的野心是隐藏起来的。孙中山没有想到，这个嘴上喊着革命的人，其实只是一个一心想当皇帝的野心家，他被这个野心家骗了，骗得好苦。

很快，张自忠就看到了辛亥革命像盛开的昙花，虽然绽放的刹那很美丽，可终究是那样的短暂，革命的果实很快被袁世凯抢夺，山东的独立被取消了，一切都结束了。紧接着，袁世凯派兵来到山东屠杀革命党人，一时间，一场腥风血雨迷漫在齐鲁大地上。此时此刻，张自忠终于悟出了一个道理：现在在学堂读死书没有任何用处，只能像一只绵羊任人窄割，他要拿起武器，与那些邪恶势力展开一场真刀实枪的搏斗，枪杆子里才能出政权，张自忠越来越明白了这个道理。

于是，张自忠走上了漫漫的从军路，当兵是他最好的选择，他曾经说过："我对于学习军事，比学习法律更感兴趣。"从张自忠的外形来看，他非常适合当一个军人，他身体强壮，身材高大魁梧。他生性活泼好动，眼睛很大，透出英武的神情。在学堂的学习生活，也不是没有给他带来一点益处，他学了很多法律知识，为他以后的军旅生涯，也打下了思想基础。

俗话说得好：机会总是给有准备的人。张自忠从普通的百姓，成长为一位将军，靠的不是运气、不是关系，而是勤奋、勇敢、善良、忠诚、坚强、正义。在他的身上，我们能看到很多优秀的品格，这些优秀品格的形成，不仅仅是家庭的教育，更是修身养性的结果。

第二章
好男儿要当兵

曾经作为张自忠将军部将的董升堂，他跟随张自忠将军与日军多次激战，他曾经深情回忆过张自忠将军，在《回忆张自忠将军》的书中，有这样一段话：“帝国主义的侵略，清廷的腐败，使国家陷入了内忧外患之中。张自忠深深感到：要救国，就必须亲执枪杆！一九一四年，他毅然与同学数人找到东北新民屯新练陆军第二十师三十九旅的车震团长，要求入伍。车团长与张自忠是临清同乡，他认为张自忠等人都是富家子弟，受不了苦，留住了几天，就给了路费劝他们回家。他们再三恳求，车团长才把他们收留下来。

时夏六月，正是东北收割小麦的季节，张自忠等随士兵一起拔麦子。一周后，他们的双手就都起了泡。同来的几位受不住了，一起请假回了家。车团长劝张自忠也一块儿回去，他坚决不肯。张自忠入伍后，经受了艰苦磨炼。他常与同伍弟兄到车站抬煤，扁担压得他两肩红肿出血。弟兄们为他求情，请班长让他在班内服杂役，干些写写算算的事，不要再去抬煤了。很快地，他就被提升为司务长了。”

董升堂的叙述是真实的，对于他来说，常年跟随在张自忠将军的

身边，对于将军的过去了解得很多，对将军的人品更是敬重，字里行间透露出对已经逝去的将军的崇敬和怀念之情。

张自忠和他的同学们来到军营后才发现，士兵生活与他们想象的不同，充满着艰苦和挑战，他们不仅要接受严格的训练，还要干体力活，每天吃的饭菜质量也太差。但张自忠丝毫不在乎这些，在他选择当兵的那一刻，就已经有了过苦日子的思想准备；但是，与他同去的同学们却是对军队生活充满了美好想象，如今，面对这样艰苦的军队生活，他们这些过惯舒服日子的大男孩，有些受不了了。这几个同学私下一商量，觉得既然他们不适合当兵，那就趁着还没有打仗，赶快回家吧。于是，这几个同学都回了老家，张自忠却坚持留在了部队。

每次张自忠给家里的亲人写信，总是报喜不报忧，他当兵的辛苦，家里的亲人一点儿都不知道。有一次，张自忠给他的七弟自明写了一封信，他这样写道：

兄自济南到新民屯业经数月，所有军中一切情形，均已尝着。同来者六人，因吃不下苦头，均已回乡，唯兄一人硬着头皮干下去。当兄来新之始，车公几次劝兄回家求学，言外膏粱子弟，如何能吃此苦，勉强一时，决不能坚持到底，故不如早去为善也。塞外奇寒，值此严冬，每日下操，手足皮肤均已冻僵，操毕回营，须先立户外，稍缓须臾方可入室；否则冷热相激，骨节溶化，手指耳鼻即脱落矣。除下操外，扛米抬炭、掘壕堆土，终日工作，休息时间甚少。以故肩肿肤裂，筋骨酸痛，其苦况实有不堪言状者。当兄创重时，肩臂肿溃，不能荷物。同棚中好友，代兄工作，以兄替其写家信也。家中一切请弟代劳，并请禀告母亲，待我有成就后，再回家叩见，祝母亲玉体金安！

此时，我的眼前出现了一个场景。在滚滚麦浪中，张自忠跟随士兵们走进了麦地，他们要拔麦子，这是一件很简单又单调的体力活。在六月阳光的照射下，他们的皮肤都变得黝黑，他们白天不停地在麦地里拔麦子。收割小麦的心情是快乐的，但是，过程却是枯燥乏味的，就这样，张自忠坚持了一个星期的劳动，他的双手被磨出了泡，其他的士兵们的手上也磨出了泡。其中，有几位与张自忠一起来的年轻人经受不住这种考验了，他们找到车震团长，要求请假回老家，车团长同意了。然后，车团长找到了张自忠，劝他和那些同来的年轻人一起回老家去。张自忠不同意，他心想：既然来了，就不能再回老家去。

后来，张自忠入伍了，他肯吃苦，经常带着士兵兄弟们去车站抬煤。他长时间挑着扁担，肩膀又红又肿，还出了血。那些士兵兄弟们心疼张自忠，找到班长，请求班长别让张自忠去车站抬煤了，让他在班内干点力所能及的事情。班长想了想，就答应了士兵们的请求，后来，由于张自忠的努力，他被提拔成为司务长。

很快，车震升官了，他成为三十九旅的旅长，他率领部队去了另外一个地方。一九一六年，在一次内战中，车震与张自忠成了赵恒惕的俘虏，这究竟是怎么一回事呢？

董升堂在回忆张自忠的文章中有过详细的描写：“一九一六年，二十师援湘，三十九旅驻长沙，四十旅驻岳州。当时，湖南督军汤芗铭没有嫡系军队，就把三十九旅扩编为湖南第一师，升车震为师长，张自忠任师部参谋。赵恒惕率部攻占长沙，汤芗铭只身逃走，车震与

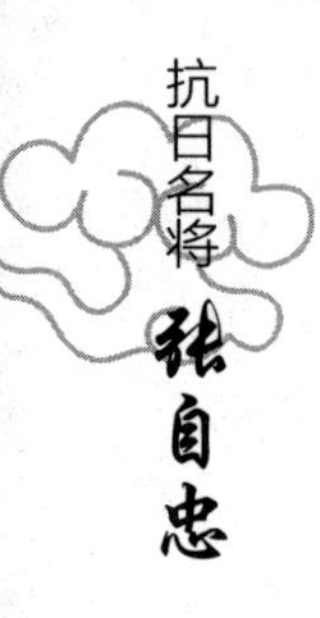

张自忠都成了俘虏。”

成为俘虏的车震和张自忠并没有受到任何虐待，赵恒惕没有杀他们，而是释放了他们，并且给了他们两人路费，还叫来船只。后来，他们安全到达了岳州北军防地内。这时的二人都有些茫然，他们心里非常思念故乡，车震决定先回老家山东临清，张自忠表示同意。于是，张自忠跟随车震，两人从岳川经过武昌，最终回到了山东临清。

回到家乡的张自忠，始终无法放弃当兵的梦想。此时的中国仍然面临着危亡，他看到祖国的大好河山满目疮痍，家乡的百姓依然过着艰难的生活，他的心中涌起了波澜，为了保家卫国，他还要去当兵。

张自忠要当兵，可怎样去当兵、在谁手下当兵？这些问题都摆在了张自忠的面前。此时的他忽然觉得：当兵是一条漫漫的长路，在这条路上跋涉，需要的是一个指引方向的人。

张自忠安静下来，他在寻找这样一个指路人。秋天到了，他的心情渐渐平静下来，他又想到了车震，此时的车震却长期在家乡过着隐居的生活。张自忠找到车震，他告诉车震：他要当兵，他要做一个挽救祖国危亡的士兵。

车震看着张自忠点了点头，赞许地对他说：“你是一条龙，终有一天要腾飞的，我看你在家乡是待不住的，这样吧，过几天我带你去廊坊，把你推荐给冯玉祥，他是十六混成旅旅长，也是我的把兄弟。”

提起冯玉祥，那是鼎鼎大名，一八八二年出生于河北青县，字焕章，他家境贫寒，从小当兵，从管带到营长再到团长，靠着勤奋努力和能吃苦的精神，他在军营里打拼了好多年，终于成为一名出色的军官。

冯玉祥治军严格，他自行制定了一套招募新兵的规则，招募到的士兵要符合以下标准：作风淳朴、体格健壮、身材高大、吃苦耐劳、愿意接受严格训练。

冯玉祥因为强迫军队的官兵信奉基督教，被大家称为基督将军。他带兵与当时的其他军官不同，他打破了当时很多的陋习和陈规，他用独特的方法培养青年军官，他培养出来的军官，各个能征善战。

一九一六年九月，隐居在家的车震暂时告别了隐居的生活，他带着张自忠朝着廊坊的方向走去。在路上，张自忠很兴奋，当他们终于来到廊坊，见到冯玉祥的时候，张自忠的眼前一亮。冯玉祥初次见到张自忠，上下打量了眼前这个山东汉子，冯玉祥看见他长得高大英武，一双大眼睛明亮有神，在那双明亮的眼睛里，冯玉祥看到了张自忠有军人的神气，他非常满意。从此，张自忠成为冯玉祥手下年轻的军官。此后，在很多重大战役中，张自忠表现出色，成为冯玉祥的得力干将。

从这时开始，张自忠走上了职业军人的道路，这一年，他 25 岁了，对于做一个职业军人来说，他的年龄已经很大了，比他年纪小的军人，都已经当了连长，而他此时，还是一个新兵。张自忠在谈起大龄参军这件事情的时候，有自己的看法，他认为对于一个胸怀理想的人来说，重要的不是在军队中的位置，而是这个军队是否能给国家和人民带来光明和希望。

在冯玉祥的十六混成旅，张自忠成为中尉差遣。什么是中尉差遣呢？其实就是军队中的一种编外附员，也被称为见习官，需要随初级官长班见习一段时间才能正式成为军官。张自忠勤奋努力，当见习官

没多久就被提拔为排长，这让他很兴奋，在军队这个大舞台上，他终于找到了属于自己的位置。

为了培养出更多既懂得军事知识又能作战的军官，一九一八年九月，冯玉祥把军官教导团的地址设立在常德。担任军官教导团团长的是鹿钟麟，他曾担任过炮兵团团长。张自忠被选拔进入了军官教导团学习，他要学习的东西很多很多，主要学习兵器、兵史、战术，率兵术和筑城等知识。

张自忠面对这些军事方面的知识，如饥似渴般地学习，三分聪明加上七分的刻苦，再加上他有很好的文化基础，很快，他在军官教导团里考试中考了第一名。用二十世纪的流行语来形容他，此时的张自忠，那就是军官教导团里的学霸。团长鹿钟麟很欣赏张自忠，他就成了军官教导团里的标准学员，所有的学员都要向张自忠学习，张自忠就是其他学员的榜样。

冯玉祥曾这样夸奖过张自忠："在教导团中，他非常勤学，对人处事都极其真诚，又能刻苦耐劳，这时便显出他未来一定是个将才。"

面对冯玉祥的夸奖，张自忠没有沾沾自喜，在人生这个大舞台上，他现在只是迈出了一小步，离真正的成功还是很遥远。在张自忠的心里，他的理想不是当官、不是作威作福，而是追随孙中山的三民主义，让百姓们有饭吃、有衣穿，让那些整天吃野菜的乡亲们，每天都能吃上白面和大米。

我想起董升堂在回忆张自忠的文章里，对这段往事写出的小标题是：从差遣到学兵团团长。他这样回忆道："车震念张自忠有挽救祖国危亡的大志，就在一九一六年带他到廊坊第十六混成旅，将他荐给冯玉祥将军。开始，冯玉祥派张自忠为差遣，让他随初级军官学习军事，后来又升他为排长。张自忠虽然是学生出身，却没有一点浮华奢侈的习气。在军中同士兵一样，吃得粗、穿得次，出操、上讲堂、抬土、挑砖，一切兵士能做的事他都能做。一九一九年，他入教导团深造，成了一个品学兼优的标准学员。团长鹿钟麟夸奖他，说他真诚勤学、吃苦耐劳，前途一定是光明的。学习期满，他升为连长，做事更加谨慎，训练更加勤奋。后来又升为营长。张自忠爱兵如子弟，把全副精神都用到训练部队上，纪律严明，恩威并用。一九二四年，他又被提升为学兵团团长。”

理想很美好，现实很残酷。孙中山去世后，蒋介石成为中华民国的大总统，很快，一场“剿共”的风暴在神州大地卷起，看到这一切，张自忠的心里很不是滋味。

转眼，时间到了一九二六年。这一年，张自忠经历了一场战斗，在这次战斗中，他遇到了一位杀人不眨眼的魔王的石友三，外号是石阎王，这究竟是怎么一回事呢？别着急，请听我慢慢讲来：自从蒋介石当上总统后，奉系军阀和直系军阀一直不服从蒋介石的管理，蒋介石心里很恼火，决定派兵镇压奉系和直系军阀，于是，一场大战在南口开始了。结局却是残酷的：蒋介石领导的国民党军大败而归。此后，冯玉祥辞去职务去了苏联，他的部队驻扎在西北。这时候，阎锡山觉得自己的大好机会来了，于是派兵来到山西的大同，他的目的很明确，就是要消灭国民党的军队。

远在西北的督办张之江任命石友三担任总指挥，让他带领部队与阎锡山的部队战斗。石友三出师大捷，他指挥军队把阎锡山的军队赶到了一个名叫雁门关的地方。这时的阎锡山却高兴了，因为这个地方是易守难攻的，于是，他们守在了雁门关。石友三指挥军队爬山攻击阎军，守在雁门关的阎军朝着攻击他们的军队扔手榴弹，炸死炸伤无数士兵，士兵的尸体横七竖八地倒在那里，好不凄惨。

阎锡山开始反攻，他指挥军队打败了孙光前团。这个团驻守在马邑县，是石友三的嫡系部队，这下子惹恼了他，他不是思考一下以后该怎样去打赢这场战争，而是责怪当时担任第十五混成旅的旅长张自忠，指责他为什么不去救援，为什么看见他们的军队遇到危险而不去解救，并且发电报给张督办，要求他枪毙张自忠。

张自忠得到消息后开始反思，觉得自己没有战死于沙场，若是死于石阎王的手里，那才是最让他不甘心的事情。张自忠思来想去，决定投奔阎锡山，他通过阎锡山的一个名叫卢丰年的团长联系上了阎锡山，张自忠成为阎锡山手下的参议。

后来，冯玉祥从苏联回国了，他带领军队驻扎在陕西关中。张自忠听到这个消息后，心里有了新的想法，他决定还是到陕西投奔冯玉祥。于是，他来到西安见到了冯玉祥，冯玉祥非常高兴，当时就任命他为总司令部的副官长。

第三章
训练学兵那些事儿

大家都认为张自忠是个有勇有谋的指挥官，还是个顶天立地、勇猛杀敌的好男人，好军人，其实，张自忠还是一位好校长，好教官，他不仅能在战场上出奇制胜，在培养和训练官兵方面，他也有自己独特的一套方法。

并不是每个人都当过校长，不可用这个句式。培养优秀的人才，那是非常不容易的，尤其是军校，那是培养指挥员的地方，更是需要有一套好的方法。

很多学校培养学生，靠的是教材，大凡拿着教材死板教学的学校，学生虽然考试成绩很好，分数很高。但是，面对复杂的社会，这些高分学生都会交出不及格的答卷。对于军校的学生来说，如果在战场上不能灵活运用所学的战略战术，那么，等待官兵的就是全军覆没的下场。从古至今，没有一个优秀的军事家会用死板的教材去套路数，而后赢得胜利的。

写到这里，我忽然想起了被人耻笑的纸上谈兵的故事，故事里的那个只会再纸上打仗的赵括，最终的下场就是失败；又想起三国演义

里面的马谡，那个失掉街亭，被诸葛亮挥泪斩掉的将军。其实，这些人都很聪明，如果在学校考试，他们两人都是优秀学生；不过呢，一旦去了真枪实弹的战场，他们就发挥不了了。

话归正题，二十世纪二十年代的中国，战争频发，张自忠早年在河南和陕西曾经训练过学兵。那是一九二〇年，张自忠调任学兵连连长，这个学兵连是由旅部直接领导的，这些学兵连的学生都是冯玉祥派人去山东、河南和安徽招募的，一共有一百多名。学生不仅来自五湖四海，而且学历不同，有高小毕业的，也有中学毕业的。最考验一个教官水平的就是：学生们的学历不同。

学历的水平有时候决定着各人的素质，训练时往往就会出现这样一个问题：没有文化的人，素质就会越低。当时体罚流行在军中，部队流传着这样的歌谣："教你学好不学好，鸭子嘴棍挨上了。"

在张自忠当连长的时候，很少用体罚的方法，他教育学兵的方法是说服教育。这种方法很有成效，三个月以后，学兵连一跃成为模范连。谁说棍棒底下出人才，在古代，很多教书的老先生，总是喜欢拿着戒尺在教室里打学生，结果不是被学生赶走，就是学生罢课，学生会因为厌烦老师而产生厌学的情绪。所以说打骂不是教育的最好方法，而是最坏的方法，是不值得去到处推广的。

当时，学兵连会经常参加一些劳动，比如修马路、栽树。每次有这样的体力劳动，张自忠都会起到模范带头作用，更令人敬佩的是，他干的总比士兵多。张自忠吃饭从不开小灶，他总是和士兵们在一起吃饭。吃饭的时候，士兵总是分棚吃饭，这里的棚是班的意思，每个棚里有两个大桶，一个桶里装的是菜，都是萝卜、豆芽和白菜，另一个桶里装的是饭。张自忠总是带领三个排长、一个司务长和一个文书，拿着两个小桶去领和士兵们一样的饭菜。

在张自忠这样的军官的领导下，他的连队成了模范连，一百二十六名学兵，每天上两节课，出两次操。每次出操，张自忠都到现场监督。每天下午五点钟以后，学兵连的游戏时间就开始了，张自忠会带着大家做游戏。

后来，学兵连从湖北转移到了河南信阳，又转移到了陕西长安，这时候的张自忠的官职升了，他是骑兵营副营长兼任学兵队大队长，下面还有两个连：第一连长是鲁崇义；第二连长是汪益静，王赞亭担任二连的副目，相当于现在的副班长。

当时，冯玉祥成为陕西省的督军，住在了旧皇城。那个时候的旧皇城到处是野草，碎砖瓦块到处都有，还有很多的死狗死猫，环境很差，给人非常荒凉的感觉。冯玉祥下了命令，要清理这个破烂不堪的地方。

于是，冯玉祥把这个任务交给了张自忠。张自忠带领两个连的学兵，他们手握大刀，砍掉了很多荆棘和杂草，把碎砖烂瓦收拾干净，坑坑洼洼的地面也变成了平整，他们用小车推，用杠子抬的土方法，建起了整洁的营房。张自忠真的做到了吃苦在前，享受在后，他在劳累后仍然坚持每天和学兵们一起出操，上课。不到一个月的时间，他们连盖了小平房八十多间。

此后，冯玉祥到开封当了河南的督军，他又派人到各省招了一千余名的学兵，这些学生都是中学生和高小毕业生。学兵团成立了，冯玉祥兼任团长，张自忠担任步兵营营长兼学兵团团副，王赞亭担任正目，也就是班长。

冯玉祥事情很多，他不顾得学兵团的事情，主要是由张自忠代理学兵团团长的职务。张自忠很辛苦，白天要教连营战斗，晚上还要教夜间战斗。王赞亭在回忆张自忠的文章里，曾经写过这样一段趣事："有一次张自忠叫我作连战斗，我作得很熟，并且很周全。那天正好冯督军到了，冯问我：'王家这个小孩，你会作营战斗吗？'我答：'会作。'冯玉祥当场出题，他说：'从北京有一营敌人向我进攻，你应如何处理？'我即刻作了回答。冯玉祥很高兴。冯玉祥接着问各位正目（班长）：'你们都会作营战斗吗？'大家一齐答：'都会。'冯玉祥笑着说：'你们将来都会当营长。'"

张自忠在担任学兵团团长期间，因训练学兵有方法，为人勤劳刻苦，训练出了很多优秀的将校军官。根据可靠的资料：一九二〇年，在张自忠担任学兵连长期间，他教的一百二十六名学兵中，有五个人成为军长，五个人成为师长，还有很多学兵成了旅长、副官长和团营长。还有很多优秀的军事人才被送到日本、苏联、德国和英国留学深造，这些人学成回国后，都成为优秀的将领。当然，这些成绩，都是张自忠付出辛勤的劳动的结晶，功劳簿上自然会写上他的名字。

面对残酷的内战，冯玉祥想到了要办学校，培养更多的能作战的军官。于是，第二集团军军官学校成立了。一九二七年，张自忠来到该校，成为第二集团军军官学校校长。作为校长的张自忠并没有坐在办公室里喝茶抽烟，他知道，要想培养出优秀的军官，作为校长，必须与学员打成一片。张自忠穿着和学员一样的衣服，他明白，要想培养出优秀的军官，作为校长，必须起到榜样的作用。当年，张自忠在训练学员的时候，提出了夏练三伏，冬练三九，夜练漆黑头的原则。

有一年的夏天，天气很热，张自忠在学校里搞了一场负重赤脚行军比赛，规定的比赛时间是中午的十一点到下午两点，在这三个小时内，必须来回走四十里。先到达的奖赏，超过时限的要罚。那天，天气非常炎热，地上到处是野蒺藜，赤脚行走就像踩在热锅上，滋味是很难受。张自忠和士兵一起光脚走在长满蒺藜的路上，他迈开大步，很快就把其他的士兵甩在了身后。比赛结束后，张自忠把脚抬了起来，学生们看到他的脚上满是血迹，从此，学生们都信任他，尊敬他、佩服他、并且听从他的指挥。

到了寒冷的冬天，张自忠带领学生们在冰天雪地里苦练，他对学生们说："明早六时在大操场集合。官长、士兵和学生一律全副武装，将棉裤卷在膝上，不准戴手套。"那一天，雪花在天空飞舞，雪花落到每个学生的头上和脸上。当学生们都集合起来的时候，却发现张自忠比他们提前到了，并光脚站在台上，他首先做了简短的训话，接着，他点了点人数，看了看学生们身穿的衣服，然后，他带着学生们开始训练。

张自忠昂首挺胸跑在队伍的最前面，在他跑过的地方，留下了红色的血迹。学生们再也无话可说，他们就沿着张自忠的脚印，继续朝前跑去。这一天，他们行军走了三十余里，胜利到达了终点。行军结束后，按照惯例，张自忠还要给学生们讲评。就在他讲评的时候，学生们看见张自忠的脚下有鲜血不停地流出来，他们暗自佩服张校长，

认定他是最棒的军人。

张自忠当校长，他最重视的是夜间训练。对于这种训练，董升堂在回忆张自忠的文章中写道："夜练漆黑头。张自忠练兵特别注重夜间教育，白天他先在操场里集合部队，以连为单位，作宿营的姿态。忽然吹紧急集合号，部队起床着装，高唱：'号令洪洪，你警我醒，我警你醒。'束紧皮带，背上水壶、干粮袋并上上刺刀。取枪时，顺手摘下枪口帽。练习惯熟以后，就择一个没有月光的漆黑头夜间，官兵正在酣睡时，吹响紧急集合号，规定起床不准点灯，一切行动用白旗指挥，时间限在一刻钟之内。到集合场的时间是按跑步每分钟一百七十步的速度，距离是预先测量好的。集合后，首先检查服装和人数。装束整齐，行动静肃、迅速、正确和全连到齐的，赏；武装部全，行动嘈杂、迟慢和人员不齐的，惩。夜间演习水平射击，还进行对抗演习。所以在抗战中，他指挥部队作战，多采用夜袭的战法。"

在学校里，张自忠不仅仅对学生们进行体能训练，他还请来很多教员给学生们讲解战史还有战法战略。他从文武两方面武装了学生的头脑，在这个学校里，为以后的抗战培养了很多的军事人才，他是学生们眼里最优秀的校长。

此时，张自忠并不知道，在以后的岁月里他将要面对一场著名的中原大战。在这次战役中，一代名将张自忠将会面对怎样的挑战？

第四章
在二十九军期间发生的事情

二十九军是属于冯玉祥领导的军队。当年，张自忠在二十九军不断的升迁，靠的并不仅仅是冯玉祥的赏识，还有他的战功。他能成为二十九军三十八师的师长，靠的是他带兵的领导能力以及在战场上运筹帷幄的本领。所以说，真正的人才靠的是能力，只有没本事的人才会靠关系。

张自忠将军的部将张宗衡在他的回忆文章《在冯玉祥部下与二十九军时期》中，他回忆了张自忠在冯玉祥执掌部队期间，张自忠提拔升迁的过程，同时，也回忆了张自忠雁北受挫的那段往事：

“一九二二年直奉战争爆发，冯玉祥任河南督军，扩充部队，成立学兵团，冯亲兼团长。学兵团下编步兵四个连为第一营，骑、炮、工、辎各一连为第二营。张自忠以第一营营长名义监管骑、炮、工、辎共八个连的训练。实际上整个学兵团均由他负责。这年，我入伍当了学兵。同年秋，冯玉祥调任陆军检阅使。部队开赴通州、南苑一带驻防，学兵团驻北京，一九二三年春移住南苑。石敬亭参谋长兼学兵团长和教育长。张自忠在石敬亭领导下负责训练和管理。当年五月，石敬亭

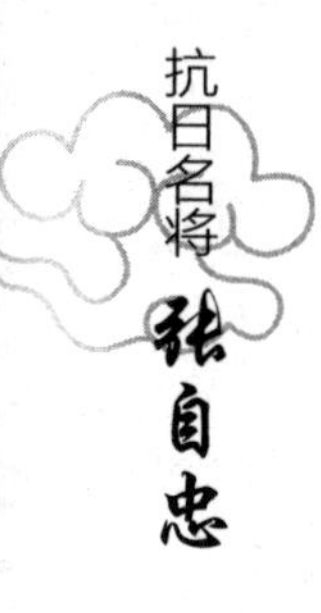

率领学兵团、手枪营到卢沟桥挖永定河。在张自忠的带头号召下，官兵吃苦耐劳，提前完成任务，为接班的挖河部队树立了榜样。”

当年，与学兵团住在同一个地方的还有一个卫队营，这个营的士兵言谈举止都不文明，让人看了很不舒服，尤其是该营士兵，纪律很差，如果军队没有铁的纪律，那到了战场，肯定会失败的。石敬亭看在眼里，急在心里，他马上做出了决定：卫队营长张凌云调离该营，调张自忠来卫队营担任领导，整顿军纪。张自忠没有让石敬亭失望，经过他的整顿，卫队营的纪律严明，士兵言行不再粗野，后来，冯治安接任卫队营营长，张自忠重新回到学兵团担任领导职务。

从这点可以看出，张自忠之所以在官兵们心目中的威望高，主要是因为他带兵严格。一九二四年的春天，张自忠成为学兵团长，这一年的秋天，卫队旅成立了，下属两个团，旅长是孙连仲，张自忠成为学兵团第一团的团长。

这一年，直奉战争爆发，卫队旅旅长带领第二团到了北京，他们把曹锟囚禁了；当年，张自忠的任务是率领第一团的官兵们从古北口到达长辛店，目的是逼迫吴佩孚的交通兵团投降。后来，段祺瑞执政了，任命冯玉祥为西北边防督办。这时候，张自忠仍然担任学兵团团长，此时张自忠的学兵都是新兵，原来的那些在开封招收的学兵，都已经在军队里担任了班长和排长的职务。

谈到这段往事，张宗衡在回忆张自忠的文章里写过一段：“段祺瑞上台后，冯玉祥为西北边防督办。卫队旅旅长由冯治安升任，驻防张家口。张自忠仍任学兵团长。原来在开封招收的学兵，都已分发各部任班、排长职务，这时的学兵是新招来的。他与冯治安私交虽厚，但在官兵面前，对冯治安诸事服从。”

一九二四年，在山海关，直奉军队爆发了战争，冯玉祥派张自忠团长率领学兵团驻扎在丰台车站。那时候，丰台车站还有一个营的英国军队也驻扎在那里。当张自忠带领部队到达丰台车站时，英军不允许中国军人带武器进入车站。

张自忠认为：丰台车站时中国的领土，为什么中国军队不能驻扎在中国的领土？张自忠带领一连的士兵强行进入了丰台车站。过了不久，英国的外交官见到了张自忠，张自忠强调了丰台是中国的领土，中国军人有权力在自己的国土上执行任务，英国人是没有权力干涉的。

英方外交官听到张自忠的这些话，灰溜溜地走了。没想到的是，英军很快又调来了一个营的士兵，英方的军队把丰台车站包围了。驻扎在丰台车站的连长急忙给张自忠打电话，他把英军包围车站的情况向张自忠做了详细的汇报，张自忠团长在电话里洪亮地对连长说：“他不犯我，我不犯他，他若犯我，坚决消灭他，我们一定要做好准备。”

张自忠刚刚挂断了电话，枪声响了起来，原来开枪的是英军，他们向学兵连射击。连长开始执行张自忠的命令，他们一边从正面打击敌人，一边派出一个班的兵力，快速绕到敌人的后面，从前后两面攻击敌人。

英军被张自忠领导的军队打得晕头转向，溃不成军，最后，英军撤退到了土围子。但是，败退的英军仍然嚣张，守卫铁道的没有武器的英国兵，竟然拦住身上带着武器要去执行任务的学兵团，因为学兵团带枪的士兵要通过铁路，英国的岗哨阻拦学兵团，学兵团据理力争，但他们仍然飞扬跋扈，最终，两方军队的士兵产生了冲突。这一次，英军要和学兵团谈判解决冲突，派来谈判的人竟然是个中国人，这让张自忠更加生气。

张自忠面对派来的使者严肃认真地说："这是中国的国土，不是英国的地盘，出去的应该是他们！"这些话说得掷地有声，那个来谈判的中国人面对自己的同胞觉得无地自容，只得悄悄地离开了。

张自忠的态度让英国军队认为中国军人确实不好惹，英军岗哨撤了出去。

曾经给张自忠当部将的李致远在写回忆张自忠的文章时，叙述了发生在一九二四年的一段旧事，他这样写道：

"一九二四年，直奉两军正在山海关交战的时候，因战事需要，冯玉祥派张自忠团长带学兵团驻扎丰台车站。那时我任团部的掌旗官。丰台车站当时驻有约一营英国军队。张自忠团长带的学兵团有两营人，计划在丰台车站内驻扎一个连，其余学兵驻丰台。当部队到达丰台车站时，英军不准中国军队带武器进入站内。结果张自忠的学兵团与英军发生冲突。不管英军态度如何，学兵团一连人强行进驻了车站。后来，英方派外交官到张自忠部队进行交涉，张团长说：'丰台车站是中国的领土，中国军队在自己国土上执行任务，外国人无权干涉。'英军上告外交部无结果，又从军营中开出约一连的兵力，包围了丰台车站。

驻车站我军连长向团长张自忠报告了英军派兵包围车站的情况。张团长在电话里下达了命令。不久，英军便开始向我军射击，非常猖狂。

连长根据团长的命令，一面从正面向敌人还击，一面又派出一个班绕到敌后，从两面夹击敌人。英军不支，就撤到英国的土围子里面去了。但守卫铁道的不拿武器的英国兵，仍不让我们执行任务的士兵随身携带武器。有一次，英军岗哨不让我军带枪的战士过铁路，我军据理予以驳斥后又发生了冲突。这次英军派来谈判的是一个中国人。张团长义正词严地说：‘这是中国的国土，不是英国的地盘，出去的应该是他们！’几句话，说得来人闭口无言，只得怏怏而去。当天，那些英军岗哨就撤回去了。被英军统治多年的丰台车站，重新回到了中国人手中。”

读完这段张自忠部将的叙述，使我顿感扬眉吐气，自从八国联军入侵再到鸦片战争，从清朝咸丰年间直到民国时期，外国人对中国的侵略简直是肆意妄为，八国联军烧毁了圆明园，使中国大量的文物流到国外，法国著名作家雨果发出了悲愤的声音，他认为那是一群强盗。这些年来，这些来自国外的强盗用炮火打开了中国的国门，所到之处，都是在抢夺。面对这群强盗，不管是清政府还是蒋介石执政，对待强盗的态度却是卑躬屈膝。

作为中国的军人，张自忠敢于在面对强大的强盗时，发出怒吼，他没有忘记自己是中国人，也没有忘记他是一个顶天立地的中国军人，他曾经说过一句话：对得起自己的良心就好。他所做的每件事情，确实是对得起自己的良心。

转眼到了一九二五年，第五师师长由石敬亭担任，第五师十五混成旅的旅长由张自忠担任，驻地迁到了包头，张自忠在那里训练新兵，他管辖着三个步兵团，一个骑兵营。一九二六年，直奉军阀联合起来对驻扎在西北的冯玉祥的军队发动攻击，冯玉祥是好汉不吃眼前亏，为了保存自己的实力，宣布下野，他想用这样的办法，让直奉军停止进攻西北军。但是，他的计划泡汤了，冯玉祥又想出了一个办法，他带着三四位幕僚，打着出国游历的幌子，在一九二六年的三月从平地泉启程，途径库伦，最终去了莫斯科。

冯玉祥走了，西北边防督办的位置不能空着，谁来接替督办的位置呢？于是，这大任就落在了张自忠的身上。屋漏偏遭连夜雨，就在这时候，山西的阎锡山看消灭西北军的机会到了，于是，他把火力对准了西北军。就这样，西北军被多方军队夹击，更可怕的是，通往西北的重要的交通补给线也断了。

西北军并没有慌张，按照计划，部队分为东西两路军队。张自忠领导的第五师十五混成旅由石友三指挥。在雁门，石友三多次攻打雁门，都是以失败而告终。张自忠在桑乾河左岸把守，很快，多伦丢失了，南口也开始告急，已经被石友三的军队占领的县城也被敌军占领了。就在这个时候，韩复榘和石友三开始三心二意，他们想借机扩充自己的部队、壮大自己的实力，因为石敬亭和张自忠不是西北军的嫡系部队，张自忠就面临很大的危险。

于是，石友三跑到担任总司令的宋哲元和担任前敌总指挥的韩复榘面前诬告，他说：马邑失守，是因为张自忠手里有兵却不去救援才导致失败的，请他们严办张自忠。张自忠得知这个消息后，大为震惊，他找到了四十五团团长张骏，对他表明石友三是故意说谎话要陷害他，假如现在他不离开的话，肯定会被韩复榘和石友三杀害，他带着军队投靠了晋军。

张自忠投奔晋军的情况被混成旅四十四团团长薛家斌知道了，他急忙向韩复榘汇报，接着，石友三命士兵向晋军指挥所和哨所开炮射击。后来，南口失守，韩复榘和石友三也向晋军投降了。让张自忠没想到的是，石友三仍然是他的上级。张自忠在投靠晋军商震以后，他一直住在山西的太原。

远在苏联的冯玉祥知道南口失守的消息后，立刻回了国，他要重新整顿军队。冯玉祥把师改成军，把旅改成师，把团改为旅，每个旅下属有三个营。后来，冯玉祥带领部队经过宁夏、甘肃到达了陕西。冯玉祥解除了军阀对西安的包围，冯玉祥这才知道张自忠是被逼迫投奔晋军的。于是，他命参谋长石敬亭带着他的书信来到山西与商震取得了联系，并且邀请张自忠回来，承诺将予以重任。

商震见到冯玉祥的亲笔书信后，马上派人护送张自忠去往西安。当张自忠见到冯玉祥的时候，他再也忍不住便向冯玉祥哭诉起来。冯玉祥安慰了张自忠，嘱咐他好好工作，并且命张自忠担任总司令部副官长。

再说石友三，他知道自己做了对不起张自忠的事情，终日忐忑不安、坐卧不宁、寝食难安，非常害怕遭到张自忠的报复，思来想去，他派肖振瀛去求和，带着一份金兰谱。张自忠的为人与石友三不同，他并没有报复石友三，这才让石友三放下了心。

一九二七年五月，冯玉祥率部出了潼关来到了河南的郑州，任命张自忠为二十八师师长，当年的二十八师是个重要的师部，是卫队师，主要的职责是保护冯玉祥总司令部以及后方的治安。可以看出，冯玉祥很看重张自忠，视他为亲信，只有心腹之人，才能担当起保卫冯玉祥总司令部安全的任务。

接着，一九二八年五月，陕军的两名军官叛变，其中一个叫樊钟秀的军官在豫西叛变后联合了一个名叫庙道会的组织。这个组织打着宗教的幌子，骗取群众的信任，他们武装起来，引发了骚乱。冯玉祥派张自忠前去镇压。张自忠亲自率领军队来到新郑县，对庙道会进行清剿。

张自忠的部将张宗衡在回忆张自忠的文章里，对这次清剿庙道会的行动做了生动的描述："当兵车开到新郑车站时，庙道会数百人爬上兵车夺枪，被击退。第二天一早，庙道会从树林内出现，向车站扑来，又被击退。那天下午，郝梦龄的兵车由南开来。庙道会的头头两三人，到车站自称欢迎南军。时逢郝部列车已北上。当时我任师部参谋处长，同参谋长王雪生接见他们后，即送新郑县处理。第三天上午派部队分路清剿，庙道会溃散，捕获男女百余人，送军法处审问，查明情节严重的一人，镇压示众，余均释放。"

两个月后，也就是一九二八年的七月，队伍从郑州转移到开封驻军，张宗衡在回忆里，详细地写了这段往事：

"北伐胜利后，部队编遣。冯玉祥派石敬亭负责点编各师。二十五师由三个旅编成，点编后，张自忠为师长，董升堂为副师长。韩复榘部编为二十师，派李兴中为师长，旅长有李文田等人。韩为河南省的光杆主席。后闻蒋介石部未缩编，因之宋哲元的第四路军也未缩编。冯治安师编归孙连仲部。

张自忠在北伐中未参加过前方作战，并无汗马功劳，为何他为整编二十五师师长呢？主要是因为他训练部队纪律严明，很会带兵。张自忠将军跟冯玉祥先生多年，曾以很大的精力致力于军事教育，继承和发扬了冯先生独特的练兵方法。用一句俗话说，就是‘夏练三伏，冬练三九。’在北京、通县一带驻防时，除正常学术科的训练外，寒冬，在朔风凛冽、黄沙蔽天的情况下，还要练急行军，往返百余里。每年严冬之夜要练习挖沟，在冰冻三尺、土地龟裂的情况下，每连一夜要完成一排人的掘圹散兵壕。秋夏，在大雨滂沱的情况下，要作战斗训练。官兵个个似落汤鸡。回营后每人给一碗姜糖水喝，以防受寒。

北方冬日严寒，学员只能外穿棉衣、内穿短袖衫及裤头，不准另外穿衣服，以锻炼耐寒力。他当军官学校校长时，曾带领学生赤足在雪地行军。夏日三伏天，早晚两次下操共计四个小时，要衣帽整齐，外穿军衣，内穿白裤褂，扎皮带。连、排长带有防暑药，备中暑者服用。为的是锻炼部队在高温情况下也能打仗。

张自忠除注重射击、刺杀、投弹等基本军事科目的训练外，还很注意军事体育项目的训练及士兵体质的锻炼。要求人人都会单杠的三大套，跑阻拦、越障碍、跳木马及在一丈多高的天桥上跑来跑去，再从天桥上拿个大兜由高空飞跃而下，以锻炼身体和技能。张自忠在学兵团任团长时，很注意对班长学术两科的培养，要求做到军事理论与战斗实践相结合，十分严格。他常说：抓好班长，就带好了学兵。他们毕业后，被分配到各部队都是连、排基层军官，所以他们素质的优劣，对部队至关紧要。他任师、旅长时，主要抓营、连长，部署有了过失，首先批评长官。对他的基本部署，尤其严格。

他也注重部队的精神教育，主要是沿袭冯玉祥的办法：让士兵读书，内容是讲中国传统的道德精神、爱国精神、军纪精神及帝国主义列强侵略中国的历史；让士兵唱国耻歌、爱民歌、吃饭歌、悔改歌等。还常用‘将相本无种，男儿当自强’的话语勉励部署立志奋发。”

放在现在来看，张自忠使用的这些勉励士兵的词语，与二十一世纪的励志图书和励志影视剧里使用的词语都是相同的，都是鼓励逆境中的人们奋发图强。看来，励志这个词汇，并不是在二十一世纪创造出来的，早在二十世纪二十年代的中国军队，张自忠就已经用励志的方法去鼓舞士气。

张自忠在开封担任二十五师师长的时候，严格要求自己，和士兵一起吃大锅饭，和士兵穿一样的衣服，军队里的每个班都有一套理发工具，士兵可以理发。张自忠也给自己准备了一套理发工具，他经常把自己的头发剃成光头，但他几乎就没刮过胡须，胡须长了，他就去医生那里借来弯剪子把胡须剪掉。到夜晚，张自忠亲自查岗；到了寒冷的冬天，他看见官兵没穿棉衣，他也不会穿棉衣；哪位官兵有什么困难，张自忠都会想尽办法来解决官兵的困难。他没有丝毫的官气，甚至连抬土、修路这样的劳动，他都会主动参加。开封的小南门和小南门的路，都是靠二十五师修好的。

张自忠要求军官不可干预政务。团长李某的父亲，曾经担任河南长垣县民团团长，他任职时在该县买了二百亩地，等他不再担任民团团长的职务后，就打起了土地诉讼的官司，总是无法解决。于是，团长李某找到张自忠，他说他要请假回家帮助父亲打土地官司。张自忠对李某说：“军官不能打官司，可以请求解职，以平民的身份诉讼，结束后回队另用。”但是，如果不是打官司，而是士兵家属受到欺压的，部队就会给地方写信，敦促地方能够合理合法的解决问题，让士兵安心在军队服役。

张宗衡在回忆张自忠的文章中，曾经举过一个例子：“二十五师有个团长高某，自由散漫、不尽职责，总是反对严格训练。张自忠知道后，高某立即被撤了职。一次检查卫生时，查出机枪营营部军需处的箱子中有一小袋私刻的粮行印章。张自忠怒斥营长申某某说：‘你克扣哑巴兄弟的口粮，作假报销。’当即将他撤职，永不录用。张自忠带领的二十五师，纪律严明，部队整齐，官兵学术两科训练均好，被评为冯玉祥部的模范师。一九二八年蒋介石派刘峙率领参观团参观二十五师。冯玉祥的手枪旅旅长季振同向我说：‘你们二十五师是绣花枕头。’我向张自忠反映后，张自忠说：‘人家说对啦！以后我们更要好好训练，提高实战能力。你们参谋处要订出计划，定期考核。’”

一九二九年三月，冯玉祥与蒋介石彻底决裂，冯玉祥带领官兵离开山东、河南，来到陕西潼关，准备和蒋介石作战。韩复榘和石友三投靠了蒋介石，张自忠坚定地站在冯玉祥一边，支持冯玉祥。冯玉祥任命张自忠为十一军的副军长，军长为冯治安。二十五师改为第四军，张凌云担任军长。

张自忠临走时对张宗衡说："我离开后，肯定会有人来接替你。你去当营长吧！这样或许不至于被换职。"张自忠把话说完，送给张宗衡两支手枪和两匹战马。为了避嫌，第四军途经西安的时候，原来二十五师的张自忠的部下去看望他，他都避而不见。同年秋天，第四军军长张凌云贪污腐败，做起了买卖烟土的生意。他重用自己的心腹，搞得失了军心，在临汝镇的战斗中大败，在撤退的时候，很多士兵半路逃跑。这一年的冬天，张凌云被回到陕西担任总司令的鹿钟麟给撤了职，把第四军改成了第六军。张自忠又回来当了领导，并且把第六军带到了天水整顿。

在第六军出发的前一天，张宗衡见到了张自忠，他对张自忠说："天水是个闭塞的地方，交通不便，报章杂志不易看到，住得时间长了，人就要落后了。"

张自忠对张宗衡说："第六军有张克侠担任参谋长，他可是在苏联留学的留学生。放心吧，咱们不会落后的。"

张自忠接任第六军的军长后，他并没有把张凌云安插的人都调离。张凌云的部下提出辞职，张自忠他没有同意。他之所以这样做，就是为了团结军队的干部，让他们放手开展部队的工作，尽到他们作为军人的职责。

一九三〇年的春天，张自忠带领第六军来到了天水，又补充了很多士兵，这些士兵是从十五军来的，被编为三个旅。原来的第四军第九师被编为十六旅，张宗衡担任副旅长。当时，军队里还有回民士兵。为了尊重回民士兵，张自忠给他们单独设立了食堂，并且让他们自行管理，而且要求汉族士兵们尊重回族士兵的信仰和习俗。回族士兵训练的时候，也是和汉族士兵分开训练，由回族干部带领他们单独训练。此消息传到了地方，回民都拥戴张自忠，回族同胞士兵对张自忠非常感激。

一九三〇年四月，张自忠率领第六师从陇南的天水到达了河南的灵宝。在灵宝等待上级领导的命令时，经常在灵宝南山抢劫的土匪被十六旅消灭了个干净。后来，张自忠的特务团在许昌东二十五里长店、任庄附近作战的时候，团长刘振三和十六旅副旅长兼第一团团长张宗衡都受了伤，敌人的两次进攻都被击退，战场上到处是尸体。

这些战斗只是较小规模的战斗。张自忠和他的部下们在战斗中不断提高作战水平。俗话说：保剑锋自磨砺出。张自忠在战场上能够取得胜利，也是因为平时的训练刻苦。但是，即将开始的中原大战，却让常胜将军张自忠品尝到了失败的滋味。

第五章 中原大战的失败

二十世纪二十年代的中国，由蒋介石担任国民党政府的大总统，掌握兵权。同时，还有其他三大军事集团，分别是：冯、阎、桂，他们与蒋介石并称为四大军事集团。在这四大军事集团中，兵力最强的是冯玉祥领导的军事集团。冯玉祥的军队之所以强大，是因为张自忠率领部队二次北伐后，增强了西北军的实力。这让蒋介石开始坐卧不安起来，他知道，谁掌握了强大的军队，谁就拥有了掌握天下的权利。

于是，蒋介石在深思熟虑后，想到了一个削弱冯、阎、桂三大军事集团的好办法：裁军。裁军的目的是为了减少军费负担，更好的用来建设国家。一九二九年一月一日，蒋介石亲自主持召开了会议，会议的主要内容就是裁军，他设立了八个编遣区，其中有四个编遣区掌握在蒋介石的手中。他规定：全国军队的一切权利归中央所有；各个军队停在原地等候改编；各个集团军没有调动和任免军官的权利。

蒋介石的这种规定，惹恼了三大军事集团。于是，他们决定联合起来用武力与蒋介石抗争到底。一九三〇年五月，中原大战拉开了帷幕。参加这次中原大战的兵力多达一百三十万人，也被历史学家称为：

中国近代史上最混乱的军阀混战。

冯玉祥派出了张自忠作为南路军第六师的师长。五月初，张自忠率领军队在平汉线向蒋介石的军队发起了猛烈的攻击，中原大战的大幕拉开了。五月中旬，蒋介石的军队驻扎在许昌的十五里店，张自忠也率领第六师到达了那里。这里是双方军队必争的地方，张自忠的上级给他下达了必须夺回许昌十五里店的命令。一夜之间，张自忠率领军队攻下了十五里店，那天晚上仿佛有暴雨一般，让很多士兵感受到了战争的激烈和残酷。

紧接着到了六月中旬，第六师又取得了胜利，蒋介石的军队退到漯河。如果这时候南路军乘胜追击，到达信阳，胜利将属于第六师。但是此时，冯玉祥却开始犹豫了起来，他担心蒋介石的主力从豫东发动攻击。于是，冯玉祥制订了新的作战计划：把张自忠的军队从平汉线调到陇海线，目的是支援东路军。

张自忠在陇海线遇到了张治中率领的教导第二师。这支军队是由德国军事顾问团培训出来的，是蒋介石的精锐部队，它拥有最先进的武器。张自忠的军队虽然勇猛，但与教导第二师的武器相比，差距还是很大的。作为久经沙场的老将，张自忠深知一个道理：想要取得战争的胜利，归根结底还是要靠勇气和谋略。武器再先进，如果主帅没有谋略、不懂兵法，那结局就是失败。于是，张自忠在经过深思熟虑之后，做出一个决定：与张治中的军队展开近距离作战。这样做，可以发挥自己军队的优势，战士手里的手榴弹、大刀和刺刀，就有了用武之地。

这次战斗，战士们好似出山的猛虎，打得教导第二师狼狈逃窜，带着他们精良的武器向南溃退。张自忠率领军队乘胜追击，又歼灭了一部分逃兵。这次战役，让教导第二师受到了重创，张治中面对残局，也只能强作镇定地回去向蒋介石请罪了。

此次战役，打出了张自忠的威风。张自忠的参谋长曾这样评价他："其决心坚强，临危振奋。每当情况急迫之时，辄镇静自持，神色夷然。"

虽然，张自忠率领的西北军打了胜仗，但是，反蒋联军的桂军和晋军，在战场上却是惨败。五月下旬，李宗仁率领的桂军进入湖南后，遭到蒋介石军队的抵抗，李宗仁看到自己的军队无法取得胜利，无奈之下，只好在七月份撤退到广西。晋军在战场上也是连连败退，在津浦线失败后，又丢掉了济南、泰安和曲阜，尤其是在济南大战中的失败，对战局影响是巨大的。

这时候，狡猾的阎锡山看到联军的失败，为保存自己的实力，他不再给西北军提供粮食和弹药。这让西北军面临困境，苦苦挣扎。在这关键的时候，一九三〇年九月十八日，一直保持中立的东北军统帅张学良倒向了蒋介石，他通电拥护蒋介石，带领军队占领了华北。反蒋联军面临失败的结局。西北军的很多将领都归顺了蒋介石，比如：吉鸿昌、梁冠英、焦文典、葛运隆、孙连仲等人。而庞炳勋、孙殿英、刘春荣等人则离开了西北军，从此，他们成为自由的人，开始了自由的生活。冯玉祥眼看着自己的将领都背叛了自己，无奈之下，他率领残部渡过黄河北上。

就这样，中原大战以联军的失败而告终。不过，张自忠第六师除了十七旅投靠蒋介石，还剩下十五旅和十六旅以及手枪团的大部分士兵，一共是五千人。面对西北军崩溃的局面，摆在张自忠面前的只有两条路，一条路是继续跟随冯玉祥渡黄河北上，另一条路是投靠蒋介石。而当张自忠得知冯玉祥率领部队渡黄河北上的时候，他当即率领他的军队在郑州渡河北上。

就在这个时候，蒋介石派来一架飞机。这架飞机不是来轰炸的，而是给张自忠空投了一份委任状。张自忠拿到手里仔细看了看，上面清楚地写着：任命张自忠为二十三路军总指挥。张自忠看完蒋介石的委任状后，就扔到了一边，他拒绝投靠蒋介石。他对部下说："我们做军人的，最要紧的就是忠诚。现在西北军失败了，很多人背叛了冯先生，但我张自忠不会这样做。"说完，张自忠率领第六师渡过黄河北上，军队进入了山西省，这个地方是蒋介石无法控制的。

归顺蒋介石的西北军将领们并没有得到蒋介石的重用和提拔，他们的选择葬送了他们的前途。唯有张自忠在乱世中保存了实力，这为他之后的政治前途打下了良好的基础。在张自忠的心里始终牢记"忠诚"这两个字，在国家危难的关头，他挺身而出，再次用自己的生命写下了对祖国的忠诚。他不懂得背叛，不会背叛，这样的一个人，却在之后的乱世中，被扣上了汉奸的帽子。这顶汉奸帽子戴在他的头上绝对是冤枉的，他最终带着一颗忠诚的心，走向了战场。

一九三〇年十月上旬，张自忠率领军队进入山西，其他进入山西的西北军将领有：刘汝明、张人杰、吕秀文、童玉振、孙良诚、宋哲元、秦德纯、赵登禹、张维藩等人，这些人加在一起共有六七万人。

此时，远在南京的蒋介石得知中原大战结束后，有六七万的西北军士兵进入了山西。这让他感到了一点威胁，他开始想办法解决这个让他头痛的问题。一个多月后，也就是一九三〇年十一月中旬，蒋介石在南京主持召开了国民党三届四中全会。在这次会议上，关于如何解决山西的西北军的问题，摆在了桌面上。蒋介石在会上做出了决定：把晋军和西北军残部进行改编，改编为边防军，改编和领导边防军的任务就交给张学良。张学良接受了蒋介石交给他的任务，将西北军的残部改编为一个军。

那谁来担任军长呢？张学良经过考虑，决定让宋哲元担任边防军军长。宋哲元出生在山东乐陵，他是西北五虎上将之一。张学良很器重他，为了让西北军残部顺利归顺，宋哲元派出秦德纯等人与张自忠联系。张自忠对宋哲元的印象不错。于是，张自忠同意把西北军残部改编为边防军，并且拥护宋哲元当军长。

一九三一年一月十六日，西北军残部改编成东北边防军第三军，军长由宋哲元担任，副军长由秦德纯、刘汝明担任。三十七师师长由冯治安担任，三十八师师长由张自忠担任。当时，作为师长的张自忠来到侯马驿，他把营长以上的干部都召集起来，对他们说："现在冯先生已下野。我们这个烂摊子，没吃没穿，长此下去，饿就饿散啦！北平军分会给我们编为一军两个师。因此，我们必须师缩编旅，旅缩编团，团缩编营，营缩编连。以后，点名发饷，就解决吃、穿、用的问题了。"从那时候开始，张自忠率领三十八师，战胜了很多的困难，终于让当年那个看起来有些混乱的军队变成纪律严明的军队。

当年，给张自忠当部将的董升堂在回忆文章里曾这样写道："从

此几经波折，克服了重重困难，快刀斩乱麻，把混乱的部队整理就绪，开始训练了。他知人善任，以西北军的习惯，参谋不准带兵；用人不问亲不亲、乡不乡，也不问贤不贤、能不能，但问你跟过我没有。我既当过参谋，又没跟过张自忠，在此缩编的情况下，却被编为三十八师二二四团团长。这就惹起了许多人的忌妒。”

当时作为团长被其他人忌妒的董升堂，内心很郁闷，也很难受。他找到了师长张自忠，向张自忠做出了保证：“我会一文公款用到公家，一份精神献给军中。”

此后，张自忠经过对董升堂的考验，得出一个结论：董升堂是个值得信赖的人。张自忠非常信任董升堂。而此时，张自忠的一个亲信特别想当二二四团的团长，这个人跟随他多年，曾经在他的手下当过师旅长。此人开始和董升堂争夺这个团长的位置。董升堂无奈，他不能当面请辞，只能写了一封信，在信里表达了想辞掉团长的职位，把位置让给张自忠的亲信。

很快，张自忠看到这封请辞信后，到了董升堂住的地方。他检阅完军队，与董升堂一起爬山，在两人登上山头的时候，张自忠对董升堂说：“你的勤劳，你的廉洁，我明白得很。那些人说什么话，我都不听。你放心大胆地干吧！”

董升堂听完张自忠的一番话，心里感觉到非常温暖。他知道自己遇到了一位知人善任的领导，跟着这样的领导，他的心里是踏实的。他决定：今生与师长同甘共苦。就这样，张自忠用自己的人格魅力，征服了他的部下，他们并肩战斗、生死与共，直到他去世的那一天。

张自忠将军的另一位部将张宗衡，一九二二年投奔冯玉祥的军队，曾经在张自忠担任营长的学兵团当兵。后来，他跟随张自忠，先后担任过班长、排长、连长、军校参谋处长、军校教育处长、营长、团长、副旅长、旅长等职务。

张宗衡在一篇回忆的文章中曾这样写道："中原大战失败后，张自忠将军在黄河桥头坐镇收容部队。当时部队大部过河，后边的行李、家属及很多大车未能过河，既无船只又无部队运送。张自忠派工兵营长朱春芳率领全营找船，护送他们过河到焦作，家属感激得流泪。张自忠部退到晋南曲沃一带驻防。我由河南绕道至太原回曲沃第六师，见了冯先生。冯先生命我带给张两本书，都是进步书籍，可惜书名记不起来了。"

当年，张自忠在经历了中原大战的失败后，眼看着跟随冯玉祥的将领都投靠了蒋介石，他只能率领部队退到晋南。当年，只剩下两个旅和一个特务团。后来，张宗衡回忆说："张自忠也收到了蒋介石的任命状，名义是第二十三路总指挥。原冯玉祥的参谋长新兵军军长刘骥，此时也要求张自忠与他合编一个军，他当军长，专办外交；张自忠为副军长，一切军内事物都由张负责。"

张自忠没有接受刘骥，他选择了宋哲元，拥护宋哲元当二十九军军长，张自忠成为三十八师师长。三十八师与其他部队不同，师下面没有旅，只有六个团。缩编后的部队具体是这样的：原十六旅编为二二五团，十七旅编为二二六团，特务团不改动，刘骥新兵军黄维纲旅编为二二三团，新兵团董升堂部编为二二四团，原属魏凤楼的赵大

经部编为二二八团。另有张人杰的一个旅驻翼城。三十八师移防阳泉、评定时、张人杰部没有出发，他离开了三十八师，自谋出路去了。

那么，张自忠面对众多选择的时候，为什么会选择宋哲元呢？身为张自忠部将的张宗衡在回忆中道出了实情，他说："张自忠调宋哲元部为十一军副军长时，宋哲元叫张自忠兼二十六师师长，说明宋哲元是很信任张自忠的。张自忠在失意之时，得宋哲元之优遇，自然是很感激的。张自忠在战斗中战功卓著，为宋哲元增了光，为宋哲元所赞赏，原因盖在于此。这也说明张自忠拥宋哲元是处于至诚。按当时形势说，宋哲元出任军长，对收拾残局，巩固团体都比较有利。"

张自忠的部将佟泽光在回忆张自忠的文章中写道："一九三〇年九月，中原大战失败以后，我们退到晋南的军队，约有两万多人。因隶属不一，也很混乱。冯先生指定宋哲元负责收容，统一指挥。后来被张学良改编为二十九军，宋哲元担任军长。二十九军下辖三个师，冯治安任三十七师师长，张自忠任三十八师师长，刘汝明任一四三师师长。师的编制都缩小了。一个师下辖三个团，取消了旅级。我当时改任三十八师二二六团团长。"

当年的中原大战，张自忠和庞炳勋有过一段私人恩怨，事情是这样的：中原大战期间，两人都归冯玉祥将军领导，都是虎将，两人的关系很好，就像亲兄弟一样。但是，庞炳旭却倒向了蒋介石，这件事情做得很隐秘，张自忠并不知情。有一天，庞炳旭带领士兵，突然对张自忠的师部发起了攻击，这次突然袭击，张自忠差点丢掉性命。从这以后，好兄弟成了敌人。每每提起庞炳勋，张自忠就恨得咬牙切齿，他认为庞炳旭做出这样的事情，实在是不仁不义的小人。

提到庞炳勋，我就想谈谈他的事情：庞炳勋字更陈，生于一八七九年十月二十五日，按照当年大清朝的年号来说的话，那就是光绪五年九月十一日，他出生的地方在哪里呢？是在河北省新河县南阳庄村。他幼年读书，长大后参加了清军，在清军第三镇当了测量官。辛亥革命前参加同盟会，辛亥革命爆发后，他受到清朝的怀疑，于是辞掉官职回了老家。回到老家的庞炳勋又干了哪些事情呢？他没有正当职业可以干，就开始做点小生意，养活自己和家人，因为他长期经商，所以就有了一点儿小商人的精明。

到了民国九年，新河遭了自然灾害，老百姓都无法生活了，庞炳勋的小生意也做不下去了。于是，四十一岁的他第二次决定了去参军。他成了副官，在孙岳第十五混成旅任职。庞炳勋有个外号叫“瘸腿将军”，那么，他的这个外号是怎么来的呢？

一九二二年四月，庞炳勋参加了第一次直奉大战。那时候，他是一个营长，率领军队在北京与奉系作战的时候，奉军的炸弹把他的一条腿炸伤了，差点就丢了性命。他被勤务兵救了出来，送去医院救治，腿虽保住了，却成了瘸子。这看起来并不美观，但是他的瘸腿还能奔跑，对他来说，只要可以四处作战，他也就不在乎了。

庞炳勋曾参加过抗日，后来，他降了日军，当了汉奸。一九四五年八月，抗战胜利后，庞炳勋投靠了蒋介石。蒋介石并不因为庞炳勋当过汉奸而拒绝他，反而给了庞炳勋一个任务，那就是：阻止八路军进城接受日军投降。

新中国成立后，庞炳勋带着家人逃到了台湾，一九六三年一月十二日，八十五岁的他在台北去世。

中原大战时，虽然各为其主，可终究是一场内战。作为军人的张自忠，内心对打内战的事情并不情愿。作为优秀的将领，他的阵地是在保家卫国的战场上，而不是在内部争夺地盘的战场上。真正让张自忠大显威风的时刻是在长城会战的战场上。因为，长城会战的敌人是侵略中国的日本军队。

第六章

与日军大战喜峰口

张自忠自从军以来，一直都期待着能够参加保家卫国的战斗。虽然，他爱好和平，但是作为军人，在面对侵略者的铁蹄践踏中国大地的时候，他会毅然地带领士兵们，挥舞大刀，高唱着大刀进行曲，向侵略者砍去。

在与日军大战喜峰口之前，爆发了九一八事变。此时，张自忠带领着二十九军离开山西，分别经过太行山平辽公路上的阳泉、平定、昔阳、和顺。当他得知九一八事变爆发的消息后，立刻发电报请战。他认为：作为军人，“宁为战死鬼，不作亡国奴。”

在等待上前线与日军作战的这段时间，张自忠开始在太行山上练兵。每天都要对士兵进行夜战、爬山、行军、射击和拼刺刀的训练。只有平时训练好了，才能在战场上获得胜利，如果平日不练兵，士兵们到了战场上，就会成为败军。演习的时间从秋天一直到了寒冷的冬天。

练兵从清晨开始，到了中午的时候在野外用餐，午餐后继续训练，一直训练到月亮挂在天空上，士兵们还要听张自忠对一天训练的讲评。张自忠对官兵们说：“官兵从早到晚，整天爬山越岭，饥渴疲倦；解散后，各主官骑马飞奔回营，这最使士兵伤心。今后解散回营时，营长跟在本营后，团长跟在本团后，要同队伍一块儿回营！”

部将董升堂回忆往事的时候，他感慨地写道：“此后，抗战八年，每当部队前进时，主官都在前头；后退时，主官则在队尾。这都是平日养成的习惯。就这样，在太行山里整整训练了两年，把三十八师练成了一支劲旅。一九三三年日军向长城进犯时，这支劲旅即成为长城抗战的中坚力量了。”

时间到了一九三三年的一月份，陆军二十九军从三个不同的地方集结起来。当时，在撒河桥驻守的是赵登禹领导的三十七师的一个旅，驻守石门的是董升堂领导的三十八师的一个团。连续三个月，东北军都在向关内溃退，虽然只是零星的部队，但是，留给国人的印象是东北军一直在打败仗。一月十日的晚上，万福麟率领的步炮大队退到了一个名叫喜峰口的地方，很快，日军也来到了这里。面对兵力和火力都比万福麟的军队强百倍的日军，失败仿佛在所难免，眼看着喜峰口就要被日军占领。

那么，为什么喜峰口成为我方与日方的必争之地呢？那是因为：喜峰口是塞北通往京都的交通要道，是万里长城的一个最重要的关隘，山崖险绝，是天然的工事。所以，喜峰口就成为日军主攻的方向。

赵登禹率领一个旅从撒河桥出发，采用跑步行军三十里的办法，抢占了孩儿岭制高点，这个地方位于喜峰口的前面。在这里，他们遭遇了日军的先头部队，一场搏斗开始了，那是刺刀与刺刀的较量，正义与邪恶的较量。

此时发生了糟糕的事情：赵登禹旅刚刚抢占了孩儿岭，后面的部队还没有赶到前线增援，这让军长宋哲元发了火。张自忠着急了，他命令董升堂率领部队一定要赶去增援赵登禹旅。董升堂率领的部队成了急行军，一晚就跑了一百六十里，终于在十一日的拂晓前赶到了撒河桥。那时候，赵登禹是前线的总指挥，他们与日军展开激战，战斗进行了两个日夜，受伤的官兵达一千多名。赵登禹在战斗中受伤，但是，他仍然坚守在阵地上，坚决与阵地共存亡。

三月十二日中午过后，赵登禹旅长主持召开了前线会议，出席会议的都是团长，他面对大家严肃地说："我军是讨蒋大战后的残余，有兵无枪、有枪缺弹，发给每个人一把大刀，六颗手榴弹。现在，我们也只是与日军对抗了两个昼夜，还没有正式与日军决战，就被日军的机炮炸得损失了两个团的精兵。我军现在只有十个团，如果这样继续打下去，我们只能与日军对抗十天了。所以我决定，官兵们要想办法绕到喜峰口的敌后方，痛快淋漓地与日军拼刺刀，日军就会知道中华民族有着勇敢的军队和不屈的人民。但是，自从我旅来到这里有两个月了，已经伤亡了一千名官兵，兵力实在太弱了，现在需要一个团的兵力来帮助我们。"

董升堂听到赵登禹旅长的讲话，举起手大叫起来："我准备好了，我要去敌后方与日本军拼个你死我活。"

赵登禹说道："很好！很好！你就准备出发吧！把你团里的迫击炮和全团的马匹，都留给在正面战场的王旅长指挥。你带上步兵，轻装前进，从滦阳城出发，沿滦河左岸出潘家口走。你团走内狐，我旅走外狐，打开始后，打到哪里，就在哪以放火为号进行联络。"

三月十二日黄昏，董升堂率领二二四团从滦阳城出发了。他们朝着潘家口的方向前进，他们走的是弯曲的小路，这些沿着滦河的小路都是纤工长期行走而产生的。到了夜晚，天上挂着明亮的月亮，夜风吹过，放眼望去，山上都是白雪。士兵们又饿又渴，饿了就拿出随身携带的粮食吃几口，因为没带水，士兵们渴了就用手抓点儿雪放进嘴里。就这样，他们以顽强的毅力翻过了摩天岭，顺利通过了潘家口。

董升堂对士兵们说："如果与敌人遭遇，要用大刀砍、用手榴弹炸，最好不要开枪射击。第一师消灭敌人，第二是俘获战利品。"在当时的情况下，即使获得了战利品，也很难顺利带回去的，所以，消灭敌人才是最主要的任务。

他们在半夜十二点到达了小喜峰口迤北三家子、后丈子，那里驻扎着日军后方的骑兵，马儿都在街上，日军都在睡梦中。董升堂心中暗喜：这是消灭敌人的最佳时机。他带领士兵们一边挥舞大刀，一边投掷手榴弹，消灭了很多日军。但是，由于放火联络，不经意间把部队所在的位置暴露给了日军。于是，日军集中火力朝着他们猛力攻击，很多士兵伤亡，损失惨重。

后来，董升堂在回忆这场战争时写道："三月十三日凌晨二时，我团在向后丈子以北地区攻击前进中与我走外弧的赵旅取得了联系，乃协同作战。赵旅王长海团对敌人二十七联队，我团对敌人二十八联队，同时猛烈攻击。敌人由迷梦中惊醒，溃乱逃散。走不了的，都成了刀下鬼啦。我军缴获的战利品，凡不能携带回来的重武器和弹药，均以手榴弹炸毁之。此次夜袭敌后，我军虽然伤亡惨重，但是摧挫了敌寇的凶恶气焰，粉碎了敌人拂晓攻击潘家口的企图。这是日军入侵我东北三省以来，遭遇到的一次猛烈攻击。从此以后，日军晚上睡觉时再也不敢脱衣服睡觉了，而是头上戴上钢盔，脖子上还要戴上铁做的围脖，他们这样装备，就是害怕再在睡梦中被中国军队的大刀砍掉了脑袋。”

当年，二十九军在西峰口与日军的战斗异常激烈，相持了三个月的时间，而这次夜袭日军敌营，打掉了他们的嚣张气焰。那时候，张自忠的指挥所设在遵化城，下面有四个守备区司令，分别是：第一守备区司令三十七师旅长赵登禹，负责董家口到喜峰口之线；第二守备区司令三十八师旅长黄维纲，负责喜峰口到潘家口之线；第三守备区司令三十八师旅长佟泽光，负责潘家口到苇子岭之线；第四守备区司令三十八师团长董升堂，负责苇子岭亘洪三口到黑锅顶之线。

在战斗中，张自忠还获得了一架高倍望远镜，这架望远镜是尖兵排士兵李大兴缴获的。张自忠兴奋地说：“这是指挥炮兵射击用的十二倍望远镜，我们花钱也买不到。”他奖给李大兴很多奖金。

十五日一大早，张自忠亲自来到喜峰口前线。他此次的目的不仅是到阵地视察，他还要对官兵进行慰问，并且带来了全国民众赠送的钱物，他把这些钱物都发给了官兵。张自忠在视察阵地的时候发现了很多问题。于是，他向各旅和团长下达了五条指示，并总结了长城抗战的经验教训，提出要保存自己、消灭敌人、积极防御的作战思想。

佟泽光旅长说：“我们执行了张师长的指示，在之后的战斗中，确实避免了不必要的伤亡。”

日军看到二十九军在喜峰口的防御能力很强，难以突破，于是改

变了作战计划，把进攻的方向转向了罗文裕。

张自忠的部将董升堂在回忆的文章中写道："我军夜袭喜峰口敌后方大捷之日，承德市日酋恼羞成怒，派一混成支队，向我后方指挥所所在地遵化城窜犯。我军刘汝明部迎敌于遵化城北二十五里的长城口罗文裕、马蹄峪，战斗甚烈，伤亡惨重。张自忠亲临指挥，所带警卫营营长王和春阵亡，战况异常紧张。他令我率部星夜赶到马蹄峪增援。我军依据长城险要与敌对战终日。"

从董升堂的回忆里，我们仿佛看到了当年战场的激烈场景，当时，我军与日军对战了好久。

到了深夜，张自忠打电话给董升堂，焦急地问道："你现在在哪里？"

董升堂马上回答道："我带领的团部现在驻扎在小村里，距马蹄峪口有一千五百公尺。"

张自忠在电话里传出洪亮的声音："根据可靠的情报，日军会在拂晓发动攻击，你一定要特别注意日军的行动，赶快做好准备吧！"

董升堂回答："我马上到马蹄峪口上去。"说完，董升堂挂了电话，来到了马蹄峪口。侦探回来向他汇报情况："对面山头上的敌人，已经向佛爷岩方向退去。"

董升堂说："师长刚才打电话来说敌人由拂晓攻击的模样，怎么你报告的敌人的动向是退去的呢？赶快再去打探，凡是到对面山头上探明敌人真实情况的，而且在一点钟跑回来的，每个人奖赏五元大洋。"

重奖之下必有勇夫。很快，侦查员和战士们都打探清楚了对面山头上敌人的情况。董升堂立刻打电话向张自忠汇报："敌人已向佛爷岩方向退去，我团准备派士兵追击敌人。”

张自忠听到董升堂的汇报后很惊讶，他在电话里说：“别人都说敌人在拂晓的时候会发动攻击，你却告诉我敌人已经退去？哪个情况是真实的呢？”

董升堂急忙把如何悬赏、限时侦探和士兵们去打探情况的事情详细说了一遍。

张自忠听完后说：“悬赏花了多少钱，你到师部来领。”说完，电话就挂断了。

后来，长城会战最终还是失败了，那是因为蒋介石当时提出的口号是“攘外必先安内”，他把主要精力和兵力用在围剿共产党和红军。对于侵略中国的日军，蒋介石并没有把日军赶出中国的想法，于是，助长了日军的嚣张气焰。虽然，二十九军依靠张自忠的指挥，取得了暂时的胜利。但是，日军从冷口突破商震部防线，攻入长城以内，并且占领了迁安。二十九军当时是腹背受敌，他们需要蒋介石军队的支援。可蒋介石一意孤行，根本不想派兵支援张自忠的部队。

此时的张自忠没有办法，只能放弃喜峰口、罗文裕阵地，向西南方向退去。蒋介石领导的国民政府向日军提出停战，日方却提出了无理的要求，蒋介石竟然同意了，他与日方签订了屈辱的《塘沽协定》，这个协定承认了日军占领东三省的合法性。

董升堂在谈到这段经历的时候，他不无感慨地写道：“终因《塘沽协定》，我大军由长城线上撤退。忍痛撤兵之夜，当地父老乡亲跪地挽留，抱住张自忠师长的腿，痛哭着说道：‘你们走了我们还靠谁呢？’张师长也哭着说：‘你们可暂到山区躲避躲避，我们将来还要回来的！’”

被迫离开抗日前线后，张自忠的心在滴血，当那些无依无靠的老百姓跪在他的面前恳求部队留下的时候，他内心非常难受。

多年后，当我从历史的角度去审视这场战争的时，明白错误不在张自忠，而在于蒋介石，在于蒋的方针政策出了重大的问题。而在“攘外必先安内”的这种错误方针的指导下，无辜的百姓被日军杀害，民众的鲜血染红了这片土地。有屠杀就会有反抗，当大刀进行曲在民众心中重新唱起的时候，大刀精神将鼓励着千千万万的勇士冒着敌人的炮火奋勇杀敌。

虽然，国民政府签订了丧权辱国的《塘沽协定》，但是，张自忠抗日的故事却传遍了中国大地。二十九军在抗日的战场上用低劣的装备攻退了武装到牙齿的日军的几十次的攻击，消灭了五千多的日军，打出了威风。

张自忠认为，二十九军取得胜利主要可以归纳为四点：具和睦无间之精神，全军上下一心一德，籍收指挥单应之效果者一也；抱着牺牲的决心，冒死争先，有进无退，足以沮丧敌人之斗志者二也；持坚忍不拔之毅力，苦撑于危急震撼之际，而卒赖以战胜困难环境者三也；绝对守军纪不扰民，造成武力与民众结合，为战事有效之援助者四也。

第七章
与日军在临沂的血战

提起临沂之战，有些读者或许不知道，如果提起台儿庄战役，中国的老百姓都会知道，不管读者知道多少，还是让我从头开始讲起。

一九三七年七七事变后，上海、南京都被日军占领了，日军又在南京制造了震惊中外的南京大屠杀。这一年的冬天，国民党军队放弃了济南和泰安后，这两地被日军占领了，贪婪的日军并没有停止攻击，他们又派出兵力抢夺徐州，因为徐州适当时的战略要地。

一九三八年的三月，春天还没来临，七八万的日军分两路向位于徐州东北的台儿庄方向奔去。当时驻在临沂的国民党军队是庞炳勋率领的，日军包围了临沂城，眼看临沂城要落入日军的手中，庞炳勋的守卫临沂的军队与日军发生了激烈的战斗。日军众多，庞炳勋的士兵太少，日军装备优良，一场战斗过后，庞炳勋的部队死伤惨重，无奈之下，他只好向蒋介石求救兵。

救兵很快开拔了，带兵来救庞炳勋的，不是别人，正是张自忠。张自忠与庞炳勋是有宿仇的。在张自忠的心里，此次带兵来临沂，压根就没想过要报私仇，他认为在国难当头的时候，作为中国的军人，

应该把个人恩怨放在一边，把国家和民族利益放在首位。来到临沂后，全体官兵在位于临沂城西北榆香铺地区集结后，张自忠主持召开了军官会议，出席会议的都是团级以上的军官，这次会议主要是讨论攻击敌人的战法。

会议开始不久，张自忠将军的部将董升堂，当年他担任一一四旅的旅长，说道："现在敌人在临沂城与庞军激战，我军不宜参加临沂城的正面战斗，应采用古人'围魏救赵'的战法，直捣敌后方策源地汤头镇，使敌人腹背受敌，临沂之围就能解除了。"

董升堂说完后，所有在座的军官开始研究讨论。经过研究，张自忠采纳了董升堂的建议。在三月十四日拂晓之前，张自忠派出了黄、刘两个师，黄师从茶叶山、刘师从刘家湖迤东地区出发，两个师渡过沂河，向驻扎在汤头镇的日军发起猛烈攻击。

董升堂率领的一一四旅是预备队。他们来到茶叶山西南地区时，遭遇了大雨，河水开始暴涨，要靠双脚渡河是非常困难的。日军又派出飞机轰炸，黄师在沂河岸上无法坚守阵地，只能退到茶叶山、刘家湖以西的地区。日军在飞机大炮的掩护下，向中国军队发起攻击，形势十分危急。

张自忠命董升堂率领一一四旅赶去救援。这时候，日军派出大批的飞机，向救援的中国军队狂轰滥炸，目的就是阻止增援的军队继续向前。一一四旅在旅长在董升堂的带领下，钻进了麦田里冒着日军的炮火悄悄地向前行进。

黄昏的时候，董升堂率领援军到达了黄师的师部，各旅都要求接防，董升堂立刻向黄师长提出了三项建议：第一项建议是，一一四旅是生力军，不应用来接替各旅的防线固守阵地，而应利用生力军的优势乘敌渡河过来站脚未稳时，予以迎头痛击之。第二项建议是，一一四旅绕至敌后，截断敌渡河后的交通线，各旅奋勇反攻，共同夹击，把渡河的敌寇聚而歼灭于沂河右岸。第三项建议是，若是全军退却，一一四旅可作掩护队，用以保卫全军的安全。

黄师长听后说："很好！电话请示军长。"

电话拨通后，张自忠在电话里说道："采用第一项建议，迎头痛击渡河之敌。"于是，董升堂决定在半夜十二点的时候，开始攻击刘家湖的日军。

奉了张自忠的命令，一一四旅制定了一个计划：趁着黑夜，主力迂回攻击日军的左侧后，趁机占领刘家湖；另一支等待主力占领了刘家湖之后，从正面攻击日军。两支军队联合起来，将日军消灭在刘家湖。

时间到了十五日的深夜两点钟，旅主力攻占了刘家湖的核心，接着，日军占据村缘阵地开始顽抗，正面部队和日军展开搏杀。此时，日军和国军开始混战，这对日军影响很大，日军的炮火根本无法使用，大炮成了哑炮。我军的士气振奋起来，双方激战了一个晚上，都是彻夜未眠。

到了深夜二十三点，日军残兵向沂河东岸溃逃，日军尸体都被丢弃了，满山满野都是日军的尸体。还有一个中队的士兵没来得及跑掉，被我军徐照栋所在的营给包围了。然后开始悬赏活捉日本士兵，悬赏的条件是：俘虏日兵一名，赏一百洋元。

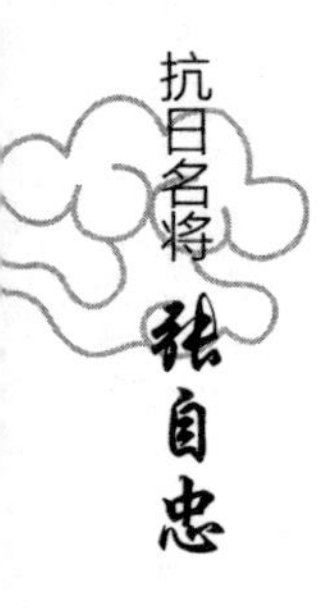

董升堂带领的官兵一看到日本兵，眼睛就红了。

军官说："捉活，捉一个赏一百元。"

士兵说："一千元一个也不行！刺死几个日本兵用来解恨的。"

后来，在魏连长的阻挡下，抓了一个活俘虏，这个俘虏说："我已经五天没有吃饭，实在不能支持了。同伍七八十人，都被你们刺死了，你看，我腿上也被刺了几刀。"

后来，来了一辆汽车把活捉的日本兵带走了。这次战役除活捉了日本兵之外，还缴获了很多的武器，主要有：两门山炮，一百二十九支轻机枪和步枪，四挺重机枪，战刀三十六把，其他的战利品还有雨衣、军毯、防毒面具、弹药等等，这些战利品都运往指挥部，一共用了二十七辆车。

张自忠的部将董升堂在《张自忠将军生平概述》一文中，回忆那场战役，他写道："十七日，我军把渡河点侦察完毕后，就立即予以封锁，并把沿河村中的狗驱逐净尽。夜半鸦雀无声，我军冒雨徒涉沂河。汤头镇的敌人正在酣睡中，都做了我军的刀下之鬼。敌人装好子弹带的重机关枪，全被我们架回来了。我军横冲直撞，把汤头镇之敌打了个落花流水。残敌向沂水县溃退，临沂城之围遂解。我军正准备乘胜追击，十九日夜，张自忠着一一四旅退回沂河西岸。

二十日，张自忠奉命率部进抵费县，准备侧击沿津浦铁路南下之敌，以策应我正面大军作战。当时，日军又得增援，猛攻临沂。庞炳勋部再度告急；张自忠又奉命回师应援，星夜行进。这时，敌人已窜抵临沂城郊。张自忠三渡沂河，鏖战七昼夜，卒将敌号称铁军的板垣师团击溃。我军伤亡也很多，各级干部的伤亡达八百余员，士兵二万余名。这个代价是值得的。因为我们给了敌人一个教训：我中华民族的军队不但是能够抵抗敌人的，而且具备战胜攻取的伟大力量。自此，张自忠用战绩消除了国人对他的一切疑虑。张自忠擢升为二十七军团长，拨巨款劳军。这是张自忠回军后第二次的胜利，开台儿庄大捷之先声。”

张自忠在临沂与日军的血战，摘掉了戴在张自忠头上那顶‘汉奸’的帽子，国人不再怀疑他，到处都在赞扬他。这时的张自忠，并没有松懈，因为，更多的战役在等着他。很快，张自忠又率领他的军队先后打响了徐州会战、潢川之战，在襄东打败日军，取得胜利，被文史学家称为襄东大捷。

张廉云在缅怀父亲张自忠的文章里，对临沂之战做了详细的叙述：

“临沂之战则是七七事变后，我父亲南下重返前线率领五十九军打的第一次大胜仗。这一战役的重要性在于击溃了敌人号称‘铁军’的板垣师团。粉碎了板垣、矶谷两师团会师台儿庄的战略计划。‘铁军’被打散，矶谷师团只得孤军深入台儿庄，以致陷入我军重围，遭到全歼。临沂之役揭开了台儿庄大捷之序幕。在军事上就是这个道理。板垣师团是在山东半岛南沿强行登陆的，一路西侵，向临沂进逼。临沂是鲁南军事上必争之地。驻守临沂之我军兵力单薄，形势危急。五十九军奉命赴援。我父亲率部星夜兼程，日行一百八十里，三月十一日赶到临沂城下，从外围围住攻城之敌。守军见援军赶到，士气大振，开城出击，内外夹攻，势如疾风暴雨，敌人大败，仓皇逃窜，溃不成军。”

当年，谁都知道五十九军并不是南京政府的嫡系部队。在蒋介石执政时期，虽然很多军队在外人看来，都归南京政府管理，但是，却被划分为嫡系和非嫡系，从军队的装备上就能看得出来。蒋介石的嫡系部队，都是美式装备，不是蒋介石的嫡系部队，装备都非常差，甚至有些地方发生了这样的闹剧：蒋介石的非嫡系部队因为装备和粮食供给不足，与嫡系部队抢夺装备和粮食，发生内部矛盾，进而引发内部争斗。当时，装备很差的五十九军打败了装备精良的号称“铁军”的板垣师团，确实震惊了中外，也让日军大吃一惊。那么，装备很差的五十九军获胜的法宝究竟是什么？这是很多人都想知道的问题。其实，五十九军最后能取得胜利，靠的不是运气，不是装备，靠的是官兵敢于拼搏的精神以及他们的爱国精神。

当年，在战斗激烈的时候，张自忠曾经下达过这样的手令：“敌人亦到最后关头，看谁能忍最后之一秒，谁就能成功。我困难，敌之困难更大。我苦战，敌之苦处数倍于我。望率所部撑眼前这极小之时间，甚盼，甚盼。”

从这份手令可以看出，临沂之战的胜利，靠的是敢于拼搏的爱国精神，当官兵的头脑被爱国精神武装起来以后，那就成为胜利之师。

张自忠的部将李致远在回忆临沂大战的时候，他这样写道：“小蚌埠战役，日军惨败之后，又派其精锐部队板垣、矶谷师团各一个旅团，约万余人，从徐州东北向南进犯，妄图切断陇海东段交通以达到包围徐州。同时在鲁西南菏泽的日军也调动频繁，亦有进犯陇海西段之势。一九三八年三月中旬，第五战区司令长官李宗仁急令张自忠率五十九军往临沂去截击南犯之敌。张自忠率部急赴前线。在临沂城与守军四十军军长庞炳勋见面后，得知板垣师团的一个旅团已占领城北的茶叶山，其部队已逼近沂河东岸各村。于是张自忠即率部于三月十三日夜晚渡过沂河，拂晓前向日军发起猛烈进攻。日军措手不及，伤亡惨重，向汤头镇一带溃退，张自忠率部乘胜追击。天亮后，日军上有飞机，下有机械化部队冲锋。张自忠将军命令三十八师二二八团向敌驻汤头的板垣师团一个旅团部猛攻。张自忠率部与敌人进行了三次拉锯式的白刃肉搏战，终将板垣师团的一个旅团击溃。然后乘胜追击四十余里，直杀得敌军尸横遍野。

战斗最激烈的时候，在展庄战场上张自忠率部一天打退了敌人的六次进攻。了解了这个情况后，张自忠就亲自乘马前往离展庄很近的范庄查看战况。到范庄二十六旅旅部后，他对旅长张宗衡说：“我在半路上听你们伤兵说，前方伤亡很大，战况激烈。我又看到展庄好像起了火一样，我认为这个村子不行了。”旅长说：“阵地还在。”张自忠便亲临火线训勉士兵奋勇杀敌。就这样，哪里紧急、哪里危险，他就到哪里。

他对作战有功的大加犒赏；而对作战失利的则严加训斥。由于张自忠严于治军，亲临战线督战，官兵们英勇杀敌，经过两个月的艰苦奋战，终把日军所谓最精锐的矶谷、板垣师团打得七零八落，溃不成军。此次战役，战果辉煌。”

临沂大捷，打出了中国军队的威风。张自忠既让日军闻风丧胆，也让日军心生佩服，日本政府对张自忠又爱又恨，爱他的军事才华，恨他对日军作战时的毫不手软。后来，日本政府就开始了一系列拉拢

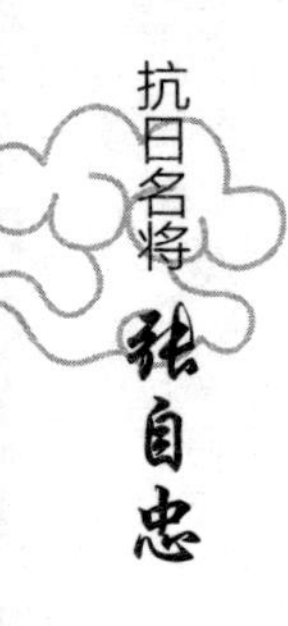

张自忠的计划。逼迫他去日本访问，见他不肯与日本政府合作，巧妙利用了中国民众和爱国学生的心理，给张自忠戴上了汉奸的帽子，让他在国人的指责与谩骂中，到处躲藏，心里也笼罩了一层乌云。

想要打垮一位抗日英雄，最好的办法就是给他扣上汉奸的帽子，让他戴着这顶沉重的帽子，直到心理防线崩溃的那一天。日本政府低估了张自忠，即使是在被国人怀疑的时候，他的心中依然埋藏着一团火焰，那是抗日的火焰。

第八章
徐州会战、潢川之战与襄东大捷

临沂之战，以张自忠大军获胜而告终。但是，日军非但没有停止入侵，反而变本加厉。一九三八年的夏天，日军沿津浦路分南北逃窜，南窜的日军占领了炮车、贾汪、丰县和沛县；北窜的日军占领了三铺、萧县等地，切断了陇海铁路，对徐州形成了包围。

这时候，第五战区大军转移到豫皖边区，需要有人来执行掩护任务，这个艰巨的任务就落在了张自忠的身上。白天，张自忠一边占领阵地，一边与日军作战，掩护大军安全撤退；到了夜晚，他带领官兵夜行军，争取以最快的速度摆脱日军的追击。

在行军途中，张自忠对官兵严格要求，他规定：“擅取民间一草一木者，一律严惩”。就因为有这样铁的纪律，官兵不拿群众的一草一木，军民关系很好。在当地，很多群众帮助官兵们，军队才能对日军驻地的情况有详细的了解。

张自忠率领大军，经常在黑夜从敌区绕过去，在遇到有日军驻扎的村庄时，他首先派出先遣部队趁着黑夜把村庄包围监视起来，掩护大军安全通过。如果被日军发现了，先遣部队就会与日军作战，用火力锁住他们的进攻，保证大军的安全。狡猾的日军，会打出照明弹，以这样的方法来侦查我军的行动。

部将董升堂在回忆徐州会战的时候，讲了这样一个真事：“有一次距离敌人追击的坦克不过百公尺，我大军已全部绕过，而张自忠却仍在公路壕沟中指挥手枪队，准备用手榴弹炸毁坦克。可惜时已黄昏，敌坦克未敢续进。一直到天黑以后，敌坦克退走了，他才怏怏地率手枪队跟上大军的队尾。当时军纪肃然，大军所过，鸡犬不惊。”后来，张自忠完成了掩护大军转移的任务，受到国民党政府的嘉奖。

转眼夏去秋来，金风送爽的季节，本来是让人舒适的季节。如果在和平的环境下，人们都会选择去外出游玩，赏美景、看红叶，或是约上几个好友，去海边垂钓，品尝海鲜。但是，在战争的环境下，人们无法享受美食美景，只能到处躲藏、四处逃难。战争，磨炼的不仅是军人的胆魄，也是普通百姓的意志。

一九三八年的秋天，武汉会战打响了。张自忠带领军队进入潢川，任务是掩护保卫武汉大军的左侧背。要想在战场上取得胜利，必须要有一个优秀的指挥官。此时，张自忠又要掩护大军，又要与日军作战，对他来说，那是相当不容易的事情。排兵布阵，是张自忠的强项，他做了精密的安排。在潢川城东郊，他命令三十八师在那里布防；守城的是一八〇师；他做出了一个令所有官兵深感意外的决定：他把指挥部设在了城南郊。

日军开始向张自忠所率军队发起猛烈的攻击，他们派出两联队的兵力，切断了通往城西的公路。日军攻打到了指挥部的附近，眼看潢川城就要被日军包围了。就在危急关头，张自忠又做出了一个重大的决定：他带领官兵进入潢川城中，他指挥城外的三十八师与守城的一八〇师内外夹击，与日军苦战了十一个小时。

就在两师与日军苦战的时候，日军开始放毒气。守城部队并没有被毒气吓倒，他们继续进攻，他们以这种顽强的精神，打败了日军。当年，日军在广播中说："在潢川曾遭遇到从来没有的劲敌。"可以看出，在日军的眼里，张自忠领导的军队是很强大的，是他们在国内战场中遭遇到的最强大的对手之一。

张自忠因为掩护大军完成了转移鄂西的任务。蒋介石为了表彰他的功绩，任命他为三十三集团军总司令，领导五十九军和七十七军两个军，兼任五十九军军长，驻军在鄂西荆门县。

一九三九年，张自忠被任命为第五战区右翼集团军总司令，指挥右翼各军。他的军职又升了，同时，他的身上又肩负了保卫鄂西的使命，这让张自忠感到肩负重任，他在战场上展现出了卓越的指挥才能。这一年的二月二十四日，春天虽然不远了，但南方的天气依然湿冷。在襄河东岸京钟公路上，日军发起攻击，张自忠派出五十九军三十八师和五十五军七十四师，痛歼日军。这次战斗，日军受到重创，不得不退兵。又过了两个多月，四月二十九日，日军分头向豫南鄂北方向奔来。五月八日，张自忠率领部队渡河去迎战向北进攻的日军。在亭子山和耗子岗等地打了很多胜仗，抓了很多俘虏，缴获了上百匹的战马。日军的橡皮船二百多只都被烧毁了，并且成功截断了日军的增援。成功联合第五战区的大军，对日军实施了包围。

在战斗进行到白热化的时候，张自忠指挥部里的电话铃声响了，他拿起了电话，听到电话那边传来一句话："顶不住了！"

张自忠听到这句话，很生气。他冲着话筒大声说道："是谁顶不住啦？官顶不住，枪决官；兵顶不住，枪决兵；你顶不住，枪决你！"电话里没有了声音。

紧接着，电话再次响了起来，话筒里的人说道："都死伤完了，没有人啦，怎么办？"

张自忠听到这话，非常愤怒，他怒斥对方："你说没有人了？那现在给我打电话的是什么东西？不是人吗？打到没有打电话的人再说！"电话终于不响了。

紧接着，七十四师的郑师长向张自忠请示："现在伤亡太大了，有的地方阵地空隙太多、太大了，前方很混乱，可否向后移动，以便整顿战线？"

张自忠怒气冲冲地说："只准前进，不准后退！阵地就是我们的坟墓，后退者死！"

三十八师黄师长打来电话向张自忠汇报："阵地一处已被敌人突破，请速派援军。"张自忠连忙安慰他说："你耐心等待，两点钟以后，大批援军就会赶到。你即刻带人去反攻，我马上到你那里去！"

挂上电话，张自忠对参谋长说："命令全线积极准备反攻，两点钟以后主力军就要赶到。现在六点四十五分，令各师对表，八点四十五分总反攻！"他下达命令后，就带着部队向着被敌人占领的地方前进。

当张自忠带人来到黄师长的指挥所的时候，日军的炮弹就在他的身边爆炸，日军的飞机低空飞行，一边飞行一边扫射。张自忠命令随从们找到隐蔽的地方躲藏起来。

有位苏联顾问感叹道："击战那样激烈，总司令到山炮射程内，我是从来没听到的。"

黄师长见到张自忠后，要求到前方去督战反攻，张自忠下了命令："时间一到，全线尽全力反攻！"官兵们看到总司令亲临前线指挥，他们的斗志更强了。那天，增援的部队及时赶到，参加了总反攻。在指挥所里，张自忠手拿望远镜站在电话机旁边，脸上露出了微笑，他拿起话筒说："狠追！狠追！多捉俘虏，不准抢东西！"张自忠率领的部队，再次打退了日军的进攻，又一次扬眉吐气。

襄河大捷被称为冬季里的一次成功的奇袭，这是国民党在抗日战争期间发动的唯一一次的进攻战役。冬季攻势中，第五战区歼灭日军三万八百〇四人，俘虏三十六名，与其他战区相比，是成绩最为显著；在第五战区，张自忠率领的右翼兵团成绩最大，歼灭敌人一万多人。后来，国民政府的军事会议上，蒋介石说："冬季攻势以张自忠主持之襄东战场收获最为可贵，实为各战场之模范。"

时至今日，当我查阅资料，撰写张自忠传记的时候，他的这些有骨气的话，仿佛就回荡在我的耳边："来电总说牺牲惨重，营长以上的官长阵亡了几个？今天退，明天退，退到西藏敌人也会跟踪而追。现在是军人报国的时机，我们要对得起国家、对得起民族、对得起已死的弟兄。希望你苦撑几天，以待援军，免得你我成为国家的罪人！现在只准前进，不准后退！阵地就是我们的坟地，后退者死！"

有这样勇气的将军，他不打胜仗，谁能打胜仗。

第九章
外号“张扒皮”的由来

翻开《回忆张自忠》这本书，让我感慨万千。一位军队的高级将领，在牺牲很多年后，仍然有很多人怀念他，着实令人佩服。更让我敬佩的是，他在部队当官很多年，却从未有过贪污腐败的问题。他从不克扣军饷、从不贪污受贿，能做到这一点儿，也确实是军官和所有士兵的楷模。张自忠当军官多年，他之所以不贪污腐败，是因他认为做事人要讲良心。作为一个正直的有良心的将军，张自忠生平最讨厌的就是贪污，他认为贪污就是“喝兵血”。这是他最恨的事情。

百姓在说道贪官污吏的时候，常常会说：那些贪官，他们的良心被狗吃了，他们就是畜生。在老百姓的心里，评价一个官员的好坏，不是看他说了多少冠冕堂皇的话、不是看他们在百姓面前作秀的样子，而是看他们究竟为百姓做了哪些好事、实事。

在军队也是一样的道理。当年，在军阀混战的年代以及国民党政府时期，老百姓有时候会把兵和匪连在一起痛骂，简称“兵匪一家亲”。那时有一些士兵受伤后，政府不理不睬，逼得他们开始拉帮结伙，到处抢劫、骚扰百姓，有时甚至出现强奸妇女的恶行。老百姓心里就会

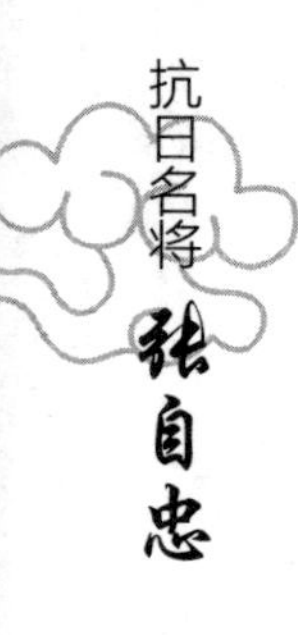

产生恨，而他们面对士兵手里的枪，也是又怕又恨。当时，伤病逃兵扰民的现象很多，即使是在军队中，也会做出赌博、嫖娼、抽大烟和抢劫百姓财物等丑恶的行径。但是，在张自忠的军队里，他严格要求官兵，无论等级、亲疏，只要祸害百姓、破坏军规，就会受到严厉的处罚。他带出来的军队，在战场上能打胜仗；在地方，不害民、不扰民，深得人心。

张自忠当军官，绝对是赏罚分明。他奖赏士兵时，往往是把自己的钱拿出来，有时候缺钱了，他便写家信，让家里人给他寄钱，这样拿着自己和家人寄来的钱犒赏士兵的军官，除了张自忠，不会再有第二个了。

写到这里，这让我想起幼年时的张自忠，那时候他的年纪还那么小，就知道把好吃的东西送给那些穷苦的孩子吃。俗话说，从小看大。很多孩子在幼时，品质不错，但是成年后，却沾染了太多的世俗之气，变得越来越贪婪。不管别人如何改变，张自忠却依然像儿时的他那样，用自己的爱心去帮助每个需要帮助的人。在他的身上，体现的是大爱。

张自忠领导的军队，在财政方面绝对是公开透明的。关于这方面的事情，董升堂在回忆张自忠的文章里，是这样写的：

“一九二九年，张自忠任第六师师长，正是陕甘两省遭受自然灾害，粮饷衣物都极缺乏的时候。张自忠咬牙苦撑，实做实干，结果就是打造出了一只劲旅。他带兵的要诀是以身作则，财政绝对公开。他甚至连自己的薪俸都拿出来赏兵。钱不够用了，他就写信叫家中寄钱来接济。贪污、“喝兵血”和浑水摸鱼，是他最痛恨的。”

当年，在张自忠领导的军队里，发生了一件轰动一时的事情。有个营长，为人贪婪，贪污了士兵的存款，营里的账目也非常不清楚，这件事情被张自忠查清楚了，他把全师的干部都集合起来，当着众人的面，狠狠地打了营长。二百军棍打在这个营长的身上，让他记住贪污给他带来的一生的耻辱。然后，张自忠宣布撤了这个营长的职务，并且关押了起来。

张自忠痛斥贪污的营长，他吼道："钱是爹，爹是王八蛋，见了钱连爹都不要了！今天喝兵的血，明天兵就要吃你的肉！"

张自忠带兵，不仅仅是训练士兵的战斗能力，还特别注重官兵的文化素质培养，让士兵们都能识字和读书。他提出有官职的要读书，当兵的要识字；他让军官们读的书有：《曾胡治兵语录》《连长宝鉴》《军事勤务》等书籍。他严格要求军官必须把这几本书熟练的背诵出来，还能做讲解。

张自忠对士兵识字的要求是：经常用到的简单字，一定要会读、会写和会讲，他还会定期对士兵们进行考试。在张自忠的严格要求下，当兵三年，就能写白话文的信件。张自忠对士兵们最常讲的一句话就是："一天认一个字，三年成秀才！"张自忠在军队禁止官兵抽烟、喝酒、嫖娼和赌博。他经常对部下说："无银钱，无保举。尚属小事，切不可因烟酒而坏身体，因嫖赌而坏品行。"

从张自忠的话语中可以看出，他要求官兵，不仅要有一个好身体，更要有好的品行。如果一个人没有良好的品行，即使这人再成功，那也是个有才无德的人。从古至今，真正给社会和民族带来危害的，就是这种有才无德的人。在很多抗日题材的电影里，我时常会看到那些衣冠楚楚，嘴里说着一口流利日语的汉奸。他们脸上带着奸笑，领着不熟悉地形的日军，到处烧杀掠夺。这些汉奸，很多都是有才华，无品行的人。

张自忠当师长，从不摆师长的架子。每天深夜的时候，他总要到士兵的寝室去巡视，看见哪个战士的身体露在外面，就会帮战士盖好被子；他从不自己在办公室里吃饭，他最喜欢和士兵们一起吃饭。有一天，张自忠和士兵们一起吃饭的时候，发现馒头没熟。于是，他把当天值日的军官叫来，打了军棍；还有一次，张自忠在和士兵吃饭的时候，在米饭里吃出了沙子，他就撤了司务长的职务。不管哪个士兵生病，他都非常关心，等到星期天，他就会带着钱，带上好吃的食物，去看望生病的士兵。假如某一天在一个连里出现了三个生病的士兵，这个连长就会被张自忠撤职，撤职的理由就是不关爱士兵。

张自忠为人赏罚分明。他是山东大汉，也有很大的脾气，当他发脾气的时候，两只手会叉在后腰上，瞪大眼睛。那时候，看到他发怒的官兵，都会说：张师长很有气势。官兵犯了错误，他经常会说：“你这种恶劣的行为，是军中的败类、是害群之马，扒了你的皮！”在西北军里，没有官兵不知道“张扒皮”的外号。

董升堂是这样评价他的：“严中寓恩，处事有条理，有轻重，有分寸。”张自忠对待官兵严格，发现犯错误的官兵，一定要打军棍，但是，他也是非常人性化的，他有八不打：第一、官兵生病的时候不打；第二、盛气不打；第三、天气太热不打；第四、吃饭之前不打；第五、无恩不打；

第六、罚过不打；第七、夯兵不打；第八、不知不打。

张自忠对违反军纪的官兵，不论是谁，他都会严处，绝不手软。有一次行军到了夜晚，官兵们住在一个小镇上。两个士兵抢了当地老百姓的家中的雨伞，老百姓要钱，他们不仅不给钱，竟还出手打人。这件事情传到张自忠的耳朵里，再经他亲自调查，并确定事情属实之后，他一句话也没说，就杀了那两个士兵。张自忠知道如果不这样严格要求士兵，那么，这样的士兵到了战场上，肯定会成为逃兵和俘虏。

张自忠还亲自处理过一件强奸案。强奸犯就是曾经与他一起战斗过的敢死队成员，名叫孙二胡。这个孙二胡，虽然在多次战役中都立下过战功，但是，在他的眼里，绝对容不下强奸民女的士兵。最后，张自忠还是横下心，依军规处决了孙二胡。同时，他的这种做法，对其他的官兵，也起到了一定的震慑作用。

张自忠有抽烟的习惯，是在西北军里学会的。有一天，李宗仁来到荆门，这个地方是张自忠的驻地。当时，李宗仁来部队进行防地检阅，在看到西北军有人抽着烟赌博的时候，严肃地指出这是应该改正的错误。他还对张自忠说：难道整肃军纪，不抽烟真的比在关键时刻舍弃生命还要难吗？

张自忠听完李宗仁的话，心中有些惭愧，他召集官兵训话："从今天起，从总司令到军师长，都要禁止赌博，禁止吸烟。"接着，张自忠命令副官把他抽烟的烟具拿过来，当着众人的面砸碎，他对官兵们说："从今以后，再有抽烟、赌博的官兵，一律军法处置。"就这样，困扰西北军多年的抽烟、赌博问题彻底根除了。当时在国民党部队中，不抽烟、赌博的官兵，是很少见的。

1939年的秋天，训练处的一部分新兵患上了眼结膜炎。这种眼病传染很快，有十几个人双目失明了。张自忠得知这个情况后，马上把训练处的负责人叫来，他把那位负责人教训了一顿，他说："作为训练处的负责人，你的责任是要照顾好管理好士兵，士兵肩负的任务是保家卫国，你这样不负责任，怎么对得起国家和士兵呢？"负责人回去后，立刻采取了一些有效的措施，很快，传染性的结膜炎得到了控制。

抗日战争时期，张自忠领导的军队每天吃饭前都要唱《吃饭歌》。这并不是幼稚的表现，这样做，能够培养军队热爱百姓的感情。

张自忠对士兵有关怀之情；对待普通百姓，他更是抱着一颗感恩之心。有一天，张自忠开会回来，汽车出了毛病正在修理。他看见路边的石头上坐着一位老人，他就走过去和老人聊天。当张自忠了解到老人的儿子被征去当了兵，家里生活非常艰苦的时候，他便吩咐少校副官马孝堂给了老人三十元，老人接过钱，非常感激张自忠。

张自忠始终把百姓的事情放在心上。当年，他开动脑筋，解决了鄂北地区三十余万亩良田无法灌溉的大问题。老百姓把那条水渠称为"荩忱渠"。因为这个"荩忱渠"是张自忠主抓的，所有的搬运和挖掘的任务都是由官兵完成的。当地的老百姓为了歌颂张自忠，编了一首好听的歌谣，歌词是这样的："白起灌鄢后，长渠议修复，呼喊吁请空吼，年华似水流。张公军次宜城，访得民间要求，代陈当兴建，一语捅开天。"

第十章
担任察哈尔省主席和天津市市长

一九三五年，张自忠四十五岁了。人到中年的他，在四十四那年，也就是一九三四年，经历了中年丧子的悲痛，他的次子廉静得病去了世。而张自忠不能沉浸在丧子之痛中，因为他有太多的事情要去忙碌。

一九三五年的冬天，张自忠被任命为察哈尔省主席。那一年，日军占据了东北，气焰嚣张，日军称根据《塘沽协定》，以长城线为界限，侵占察哈尔北六个县，成为伪军李守信部驻军的区域。日本特务机关就设在了张北县，日军和伪军还要在张家口大境门外驻军。当时，张家口有察哈尔省政府，省政府受到了日军的威胁，全察哈尔省都会成为日军的囊中之物。

日军的举动让察哈尔省的军民都感到震惊。张自忠上任后，他一边调来三十八师的部队，在距离大境门四十五里的附近布防；一边派人见到了日本驻张家口的特务机关长名叫大本，并且对他说："我们不管什么协定，也不管什么长城线，现在大境门外驻着我们的军队；如果你们的军队由张北县南开，双方产生误会而引发战争，责任由你们负！"

日军看到我方的态度坚决，并得知布防的是三十八师，日军便没有轻易动武，因为他们知道三十八师是一支能打硬仗的军队。最终，双方商量好：以罕诺坝作为双方军队的缓冲地带。日军和伪军不能从张北县向南前进；我方三十八师的军队驻扎在大境门外。

董升堂在谈到这段往事的时候，这样写道："倘使张自忠当时立场不坚定、态度不强硬，三十八师行动不快速，恐怕在一九三五年冬天，察哈尔省就被日军占领了，至少省政府将由张家口搬家。交涉以后，与日军零星的摩擦虽然是免不掉的。一直到一九三六年六月张自忠调任天津市市长，再没发生重大事件。"

当年，无论谁在华北做官，最难对付的是日本军队；其次，还有流窜察哈尔省的土匪。当时，有个叫刘桂棠的悍匪，带着一帮土匪，到处骚扰百姓、抢夺财物，搞得老百姓无法维持正常的生活。张自忠派董升堂率领二二四团附骑兵一团，到察哈尔省蔚县剿匪。刘桂棠很狡猾，而且擅长作战，搞得当地人心惶惶。于是，谣言开始流传，连报纸都上登载了蔚县失守的消息。

张自忠看到报纸上登载的消息，急忙打电话给董升堂，他问道："你在哪里？"

董升堂回答："我现在蔚县城里。"

张自忠接着又问："刘匪大部逃窜到哪里啦？"

董升堂回答："刘匪见我防堵严密，即沿察、冀、晋三省边境经插箭岭沿太行山东麓向南窜去了，蔚县南山里尚有残匪盘踞。我日内率部进南山区清剿。"

那年，董升堂带领军队在寒冷又无人烟的高山上，克服了很多难以想象的困难，沿着人马都难通行的羊肠小道。在当地老百姓的帮助下，他们歼灭了以刘桂棠为首的土匪，胜利完成了剿匪的任务。

张自忠在担任察哈尔省主席期间，他的主要精力并没有都放在政治和外交上，而是用在补训部队方面。部队里的士兵都是年轻力壮、身材高大的，他特别注重士兵的射击和刺杀训练。张自忠在察哈尔省主政时间很短，虽然有人说他在察哈尔省主政期间没有什么政绩，但他能善待贫苦百姓，对严重失职的官员绝不手软。当时，张北县税务局有个征收员，因为有个商人漏税，他就把商人打伤了。张自忠得知这个消息后，非常愤怒，他不仅让征收员给商人赔偿了养伤费，而且还撤销了局长的职务。特务团骑兵营长周鸿顺把一个丫头以高价卖给妓院为娼妓。张自忠知道后，撤了周鸿顺的职务，并且花钱给那丫头赎身后又给她找了婆家。董升堂的团里有个士兵因为家里贫穷把妻子卖到了张家口的妓院。董升堂把这个情况向张自忠汇报后，张自忠用师部的钱把士兵的妻子赎回，使得士兵从心里感激张自忠。

当年，担任察哈尔省主席职务的本来是宋哲元。但宋哲元担任了冀察政委会委员长的职务后，他就把察哈尔省主席的职务转给了张自忠。张自忠骨子里认定自己是一个行军打仗之人，他实在不愿意当这个主席。但是，宋哲元非要让他任这个职。于是，张自忠在受命之后找到了马彦翀，请他去帮忙，但是没有说明需要他帮什么忙。

马彦翀和张自忠是朋友。他认为朋友任了重职，既然找到自己，只要他能帮上忙的，就应该帮助。于是，他痛快地答应了，并且对张自忠说："待你到察哈尔省就职后，我就去看你。"张自忠到达察哈尔省的第二天，就打了电话，让马彦翀赶快到察哈尔省。马彦翀很快就见到了张自忠，张自忠让他担任了省府秘书长的职务。

马彦翀对张自忠说："我虽从事政治生活多年，但并没做过官，没负过实际责任，还是从侧面给你帮助得好。"

张自忠不同意马彦翀的想法，他说："我明天就要到察哈尔北各县视察防务，委任状已缮好，请你明天就任职。"

马彦翀看着张自忠如此诚恳地对待自己，不好意思再推辞。但是，他还是在任职之前声明了一下："到了察哈尔省，咱们可不要做汉奸。"

张自忠听到这句话有点不高兴，他对马彦翀严肃地说："把我的骨头砸碎，也没有一点汉奸的气味。"

张自忠来到察哈尔省不久，一个名叫邱仰璇的日本通就来到了察哈尔省。他见过张自忠后，就住到了省府里。这个姓邱的到底是谁派来的？还是自己跑来的，谁也不知道。邱仰璇见到张自忠后都谈了什么，马彦翀也不知道。邱仰璇每次见到马彦翀，谈论的话题都是日本人要和中国组织大东亚共荣圈，共存共荣。邱仰璇经常出入日本领事馆和日本特务办事处，他到底要做什么呢？此时的马彦翀和张自忠也搞不明白。

有一天，日方邀请张自忠赴宴，双方喝了好多酒，都觉得有些醉了。这时候，邱仰璇却开始向日本人大献殷勤，日本人却非常瞧不起邱仰璇，当时，坐在席上的张自忠实在无法忍受，就说自己的身体不舒服，然后离开了。

马彦翀追了出去，张自忠对他说：“这样无耻的人不能让他住在我们这里！既给国家抹黑，又丢我们的人。”

马彦翀有些为难地对张自忠说：“所谓一些日本通，就是甘心供日本军驱使。不过邱仰璇今天的表现使得日本军也根本瞧不起他。现在邱仰璇已有醉意，我们明天去说好吗？”

张自忠不同意，他让马彦翀立刻就去对邱仰璇说那些话。

当马彦翀见到邱仰璇，并且把张自忠让他离开省府的意思转达给他的时候，他的酒已经清醒了，急忙问马彦翀：“为什么？”

马彦翀只好说：“这是主席的意思，你也不必探究，还是回北平吧！”

邱仰璇彻底明白自己已经无法继续在省府住下去了，只能选择离开。

马彦翀在回忆张自忠时，曾写过这样一段话：“自从《塘沽协定》《何梅协定》之后，华北已完全处于日寇势力笼罩之下。随着日军在华北这样横行霸道，蒋介石又这样屈辱退让，让很多人认为华北各地或已被日军占有了。对此，张自忠常对我说：‘国人这种认识，未免太消极了。这岂不是敌人还未亡我华北各地，而我们先自亡我华北各地了吗？’时值寒假期间，不断有师生路经察哈尔省赴大同参观云冈石窟。其中也有借参观之名，来了解华北具体情况的。张自忠对我说：‘我们可不可以趁此机会接待他们，和他们谈谈，让他们了解华北各地现在还安然无恙。只要我们政府有办法、国人有决心，仍不是不可挽回的，你说对不？’我说：‘很对。’张自忠又说：‘那你可以和他们谈谈，

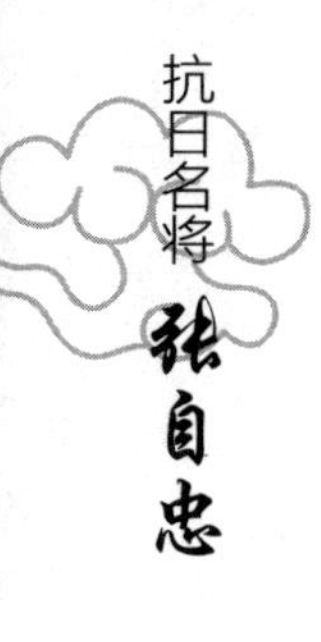

请他们到处看看，让他们回去转告他人。’我就按照他的意见，在城内察哈尔大饭店设了一个招待所。每每有路过察哈尔省赴云冈参观的师生，就殷勤接待、详细攀谈，并备大卡车供他们在浏览市容时乘坐。事实证明参观后，这些教师和学生都受到了鼓舞。”

可以说，张自忠在察哈尔省主政期间，没有做任何丢中国人脸面的事情，捍卫了中国的主权，也打击了日本人的嚣张气焰。他曾提出的对待日军的方法是：“消极应付，积极打算。”当时，张自忠很清楚，和日方消极应付的局面只能是暂时的，总有无法持续的一天。

谈到张自忠对日方的八字方针，马彦翀在回忆文章里写道：“所谓的消极应付，就是指对日本浪人和伪军的应付。那些浪人，差不多都是些‘爱钱如命’的家伙，如果他们要钱，就谋个名义，每月送他们几个钱，一钳其口。因而就委任‘大山’等浪人为我们保安司令部咨议，月薪约八十至一百元不等。至于怎样积极打算，他认为将来抗战掀起，当首在平津，我军担任察哈尔省防务击退张北的日军和伪军自不成问题，还可抽调一部分兵力，参加到平津战线上去。但如平津不守，自然要沿平汉、津浦两路南撤。那我部再要经平绥转平汉，就困难多了，甚至是不可能。因而我们打算派军把由张家口向东南达保定的公路修通，万一必须南退，就可由张家口直达保定。他问我有什么意见，我说：‘我对军事是外行，既然主席有此部署，那很好。’他就派李九思团即日出发，查勘线路，进行修筑。察哈尔省建设厅派有工程人员随军协助。”

但是，到了那里以后，张自忠离开了察哈尔省。这项工程就交给了刘汝明主席，到底办得如何，马彦翀就再也不知道了。

张自忠在察哈尔省政府当主席的时候，有一位顾问名叫李泰棻。张自忠很信任他，把他当成可以交心的朋友。每天晚上八点整，张自忠都会去找李泰棻，两人交谈直到晚上十二点，张自忠才告辞回省府休息。他们交谈的内容很多。很多年后，在李泰棻写回忆张自忠文章的时候，他谈到了一件事情。

有一天，强占了察哈尔北部的几个县。张自忠很气愤，他找到李泰棻。李泰棻只见他一双眼睛哭得红肿，脸色很难看，进门坐在那里就是不停地叹气，默默不语。

李泰棻从没看见过张自忠这副样子，他关心地问张自忠："你为什么叹气啊？"

张自忠看了看李泰棻说："还能为什么事情叹气，都是为了日本指使伪蒙军队强占沽源等县，这明明是日军在侵略中国，无理欺压中国的百姓。我现在很矛盾，不打吧，我作为军人和省政府主席，我有守卫国土的责任；打吧，宋委员长又不准。军人又必须服从命令，硬打又属犯上。看来，我自杀才是出路！"

李泰棻听完张自忠的一番话，却忽然冷笑起来，他说："我真没想到你会说出这样可笑的话。国家和冯先生培养你做了地方大员，位至将军，今天用你的时候，你就以死逃避，岂不可耻！日本侵略东北，我们不加抵抗，他们当然贪得无厌地还会侵占华北。冀东迫冀，伪蒙逼察，已成半包围的形势，无论宋哲元通过陈觉生、肖振瀛如何敷衍拖延，日本国策是不会变更的！宋哲元也受过冯玉祥多年的抗日教育，

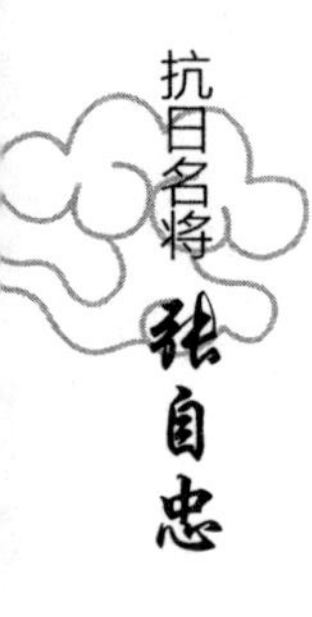

无论汉奸如何包围，最后他绝不能投降日本，这是很明显的。这就是日本和二十九军不能解决的矛盾，迟早必会开战。如果你们采取主动，可以派冯治安部收复冀东；你率部收复察北。宋哲元以冀察政务委员会的名义居中指挥，必能马到成功！同时，全国舆论一定会支持你们、帮助你们，长城之役就是例子。当然，日军绝不会善罢甘休，必然出兵来打。这时，蒋介石也再不敢违反全国人民的意志，必会抗战。这样就会掀起一个全国抗战的局面，二十九军即便败于日军，只要顽强抵抗，也算是虽败犹荣。不过我看宋哲元对蒋介石还存有幻想，蒋介石不会同意他这样；他自己也想延长委员长的任期，不愿这样。但不能因此就松懈，日本还是会得陇望蜀，继续进逼，从军事经济入手，双管齐下。最后宋哲元被压迫，不能退让，还得抵抗。只是不敢主动出击，北平无险可守，势必南退保定，抑或西退张家口。总而言之，也能掀起全国抗日的风波，只是不如前一办法漂亮罢了。到那时，你可以痛痛快快打日本军队。军人马革裹尸本属常事，为保国土而牺牲，实为报效之举。胜利前进无已，败则以死继之。我认为你要忍耐、要等待、要冷静！”

张自忠静静地听完李泰棻的这一番话，脸色变得好了些，他对李泰棻说：“你说的对！那就再等一段时间吧！我这两天气愤郁积、不思饮食；现在想通了，我要吃点东西。”

时针已经指向了十点，李泰棻连忙让厨师做饭，饭很快做好了。张自忠吃完饭就告了辞，回到省府去了。

后来，在旧历年快要结束的时候，李泰棻离开了张家口，到了北平。

张自忠离开察哈尔省，去天津担任市长的职务。从此，两人各忙各的事情，再也没有见面，也没有书信来往。

一九三六年的六月，宋哲元让张自忠去天津市担任市长。张自忠在接到调令后，对宋哲元表达了自己的态度。他是军人，在察哈尔省任职，他就不想干；这次又调他去天津，那个地方非常复杂，他根本应付不了，坚决不做天津市长。宋哲元态度也坚决，坚持让张自忠去天津，并说只是暂时维持一下天津市的秩序。张自忠了解宋哲元的脾气，他见实在无法推辞只好去天津上任了。

张自忠心里很明白，他到天津市担任市长，其实是临危受命。前任天津市市长肖振瀛对付日本人也很有一套。他对日本人似是有求必应，但实则他只是当着日本人的面在嘴上说说罢了。落实在行动上，他不与日本人订立任何条约或协定。时间长了，日本人看出了门道，他们认为肖振瀛并没有诚意与日本合作。于是，没过多久，天津东车站附近发生了一段铁路被炸毁的事情。那是日本人唆使汉奸便衣队干的坏事。他们这样做的目的就是要找借口把萧振瀛从天津市市长的位置上赶走。

日本人万万不会想到，走了一个萧振瀛，竟来了一个张自忠。这张自忠虽然在喜峰口等多次战役中打败了日军，但是，嚣张的日本人根本没把他放在眼里。他们以为，张自忠会像一个木偶任他们耍弄。后来的事实证明了日本人的这种想法简直是大错特错。

张自忠在天津市当市长期间，为保卫天津做了很多的军事部署。当年，在天津市担任保安总队长的佟泽光有这样一段回忆：

“一九三六年六月，张自忠师长调任天津市长，我任天津市保安总队长。保安队原有官兵三千多人，武装齐全。师长认为兵力太过单薄，不能维持地方治安。于是，又由三十八师调来一个特务营。因《辛丑条约》规定天津市区不准驻中国军队，所以只好脱下军装，换上保安队服装从天津西北韩柳树于子夜间分批进入市区。为加强实力，又补充了一百二十挺轻机枪、八百支手枪、两辆装甲车、十辆机枪摩托车。从当时的情况看，师长任市长后，总去北平开会。每次临走之前，总要召我嘱咐一番。他说：‘以前于学忠在天津时，日本军队常在市政府门前架枪休息，甚至在市政府墙根下随意大小便。这是对中国政府的侮辱，我们坚决反对。要严防日军挑衅，时刻做好应战准备，不能叫日本军队为所欲为。’

师长来天津后，工作虽然特别繁忙，但仍不忘对保安队的教育训练，经常到河北体育场看保安队的训练情况。他告诫官兵说：‘保安队负有保护天津市人民生命财产安全的责任，不准任何人侵犯扰乱天津市治安。全体官兵应时刻提高警惕，随时准备应付突发事件。对于重要街道，特别是靠近日租界一方的街道，必须加强守备力量。准备的土麻袋、拒马、铁丝网等各种路障，要随时检查是否适用。要多练习巷战动作，精炼射击技术，要做到动作迅速、射击准确，使挑衅、破坏者不敢妄动。’在师长的不断教育下，保安队官兵提高了保卫市区人民安全的责任心。正当官兵们积极训练时，突然发生了金刚桥事件，结果我被撤了职。

在我离职之前，师长对我说：‘你没有错。现在把你撤职，主要是应付外交问题。我们现在要忍辱负重、胸怀大局，到必要时，纵然

牺牲一切也在所不惜。’

当时，《辛丑条约》规定：在天津，二十里以内不允许中国军队驻扎。张自忠上任天津市长后，命令三十八师一一四旅二二八团第三营官兵穿上天津保安队的服装，对外名义是让他们担任市政府的警卫。当时，张自忠为了让天津的百姓们都能过上和平的生活，在军队的布防方面，做了细致的安排：三十八师黄维纲旅在小站驻军，刘振三旅在廊坊驻军，董升堂旅在韩家墅驻军，李致远旅在马厂驻军，驻在天津市内的是宁殿武的保安大队，主要负责天津市的治安保卫工作。

张自忠密告董升堂：‘我们的官兵大多来自农村，对市内街道的情况多不明了，一旦发生战事，很不好办。你叫班长以上的干部换穿便衣，每天分班轮流进市内熟悉地形，要特别注意日租界里的大街小巷交通的分布情况。你旅的官兵，除现穿的陆军军服外，每人再预备保安队、警察的服装各一套，并控制卡车若干辆。一旦与日军发生冲突，就换上保安队的军装，特别地区穿上警察的服装，用卡车迅速输送官兵进市内来应付事变。’”

从张自忠对董升堂讲的话可以看出，他对那些来自农村的官兵还是很担心。担心他们对天津不熟悉，会惹出什么事情。而让张自忠担心的事情果然还是发生了。在七七事变前夕，一一四旅二二八团第三营连长张凤岐就出了大问题。

有一天午后休息的时候，张凤岐想在天津市区溜达溜达，开开眼界。于是，他穿上便装出了驻军营。天津市政府位于天津河北区，没有来过天津的他，分不清东南西北，走着走着就有些糊涂了。他到处走，

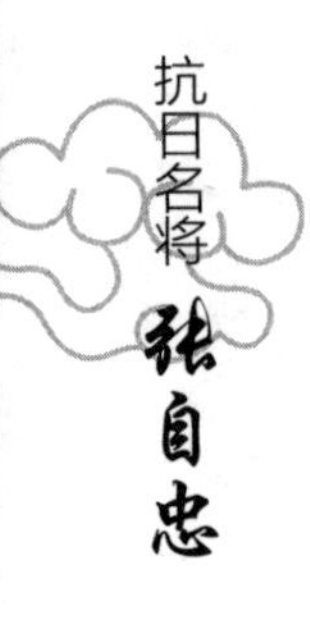

走到哪里就去哪里看看。他从金刚桥上走了过去，不知不觉就走到了日本租界。在租界里，他到处走，走进了中原公司东张西望。

张凤岐的一举一动，被日本特务看在眼里。日本特务拦住他问话，他开始时胡乱地编瞎话，以为可以蒙混过关。哪知道，那些日本特务不好对付，当天晚上就把张凤岐拘留在日本特务处。

保安队的连长一晚上都没有回来，到处都找不到他，队员们都着急了。于是，他们把张凤岐失踪的事情向队长做了汇报，并且还到公安局报案，请他们帮助查找。就在保安队和公安局到处寻找张凤岐的时候，一辆大卡车从桥北开了过来，当卡车经过市政府门口的时候，门口站岗的卫兵发现：大卡车上被日军押着的一个人就是保安队失踪的连长张凤岐，于是，他们就大声呼喊：“那不是咱们失踪的连长吗？”

这时候，张凤岐在车上看见站岗的卫兵，急忙冲着他们大喊：“救人，救人！”

保安队的人要把张凤岐从卡车上救下来，卡车上的日本特务坚决不放人，双方便发生了冲突，一个日本特务被保安队的人打死了。日方很快来了很多的宪兵和特务，他们直接包围了天津市政府；市府卫队的士兵见宪兵和特务包围把天津市政府包围了起来，急忙在市府前后把机关枪架了起来，眼看着就要发生枪战。

这个时候，张自忠正在休息，得到消息后，他立刻赶了过来。他让秘书长马彦翀给日本领事馆打电话，请领事馆派负责的领事来市政府商谈如何更好地解决问题。很快，来了一位叫西田的领事。双方见面后，张自忠对西田说：“希望这件事情能和平解决，如果日方都愿意和平解决问题，那么首先，请日方把尸体运走，双方撤退武力，保证天津市的安定，然后再继续商谈解决问题的办法。”

日本领事与日方在电话中商谈后，他们同意不动武力，不让事态继续扩大。然后，提出了解决问题的四个条件：第一条、严办凶手，把凶手交给日方带走；第二条、依法抚恤死者家属；第三条、向日方道歉；第四条、保证以后不再发生类似事件。张自忠同意第二条和第四条。但是，对于第一条，他对日本领事说：“凶手只能交我方法院审理，我方可以把法院审理的结果通知日方。”在谈到道歉的问题时，张自忠这样说：“所谓道歉，先由于日方误会逮捕了我方连长，我方才误会打死了日方特务，事件的起因是因为双方误会导致的，根本谈不上我方向日方道歉的问题。”经过张自忠的努力，结果是由中国法院严办凶手，然后，我方派人向日方说明双方发生误会的经过，不再提道歉的事情。

张自忠的部将董升堂在回忆张自忠在天津担任市长的文章里，对这件事情写得更为详细：“七七事变前夕，我一一四旅二二八团第三营连长张凤岐穿便衣赴日租界，被日本特务逮捕起来刑讯拷问，张连长只承认在总车站摆烟摊。因此，多名日本特务带着他乘卡车到总站质对。卡车经过市府门前，张连长在卡车上站起来，向市府卫兵大喊：‘你们连长被日本兵逮起来了！’卫兵立即拦阻卡车。日本特务们不肯停车，我卫兵即开机关枪扫射将特务头子打死。残余敌人都逃回日租界去了。张连长乘机跳下卡车归队。日本兵一中队，由海光寺兵营开了出来。我军即拉起金刚桥，沿河左岸布防，严阵以待。我旅也作紧急动员，准备战斗，大有一触即发之势。日本兵行进到大胡同又返回海光寺兵营去了。继而一辆插着日本国旗的小汽车到金刚桥对岸，车上有人大喊：‘我是日本领事，来讲和的，千万不要开枪。’

张自忠叫人放下桥，让他过来。日领事一见他就说：‘你们打死了我们的人，击毁了我们的卡车，怎么办？’

张自忠回答：‘打死你们的人，说人命；击毁你们的卡车，说卡车。你们不要欺侮中国人，我们是不怕的。’

几经交涉，后来一条人命和一辆卡车各赔偿一万元。唯日方坚决要求惩凶，枪毙张连长，我方予以拒绝，谈判几乎决裂。结果判处张连长无期徒刑，才算完事。但我们对张连长并未开缺，薪饷照给，派定专人每天给他送饭。七七事变爆发后张连长归队。每遇与日军战斗，他都跑到最前方带头杀敌。一九三七年七月二十八日晨，在我军袭击海光寺日兵营战役中，他壮烈牺牲了。”

这就是当时发生的金刚桥事件，张自忠面对嚣张的日本人，以他冷静的态度和聪明的智慧，把这件事情很好地解决了。但是，日方并没有就此罢手，他们不断地向张自忠所部发起挑衅。到了十月的一天，张自忠所部与驻扎在丰台的日军发生了冲突，日军把他们包围了，驻扎在西苑的国民党军队，又把日军包围了起来，双方大战，眼看就要发生了。

就在危急的时刻，张自忠将军收到了宋哲元委员长的电令，命令他与天津日本驻屯军司令官交涉。张自忠没想到的是：日本驻屯军参谋对张自忠将军说：“刻下形势严重，要赶快设法制止，否则便要开火。”从日军参谋长的口中，张自忠听出了威胁的语气，他们是想让中方屈服，这是绝对不可能的事情。

张自忠从容不迫地回答：“国家养兵，就是为了打仗。”张自忠的话不卑不亢。于是，双方开始多次谈判，最终一场眼看就要发生的战争，被他巧妙地化解了。

虽然，军事方面的危机暂时得到缓解，日军在中国的华北，特别是在天津市，就进行了很多违法的事情。比如：贩卖毒品、坑害中国人、随便越界抓人，日方还利用汉奸收买便衣队，到处捣乱。有些日本汉奸甚至在市政府门前小便。这些行为都让中国人愤怒。

有一次，张自忠对马彦翀说：“现在我们要特别注意两件事：第一是，怎样才能不使天津市再有汉奸搞便衣队扰乱？第二是，怎样才能杜绝各国租界自行扩展？”

马彦翀给张自忠出了两个点子，一个是釜底抽薪，一个是防微杜渐。所谓釜底抽薪，就是对潜伏在天津市的一小撮汉奸，采取拉拢的办法，必要的时候给他们钱，让他们有意见的话先和他们商量，不要让他们扰乱地方的治安，做出危害老百姓的事情。他们的便衣队都是由天津市的流氓、乞丐和小偷组成的。对付这些人，就要把他们收容起来，让他们不要在社会上流窜，更不要被日方利用。

张自忠对付这些人，也是自有办法。日本租界内，确实有不少汉奸，日本人就利用这些汉奸到处捣乱。张自忠认为：这些人分为两种，一种是失意的军人，一种是无聊的政客，有的其实就是因为没有生活来源，才会不顾民族大义做了汉奸，与自己的国家为敌。如果都抓起来法办，那是不太可能做到的。于是，张自忠想出办法，对他们讲民族大义，促使其觉醒，从思想上来争取他们，让他们不做可耻的汉奸和卖国贼。

马彦翀的第二个办法是防微杜渐。由于军阀混战，很多居民为了生存都躲到了租界内，以确保安全。现在要采取的办法就是环绕各国租界修筑一条柏油马路，让租界的界限更加清楚。修马路的钱就需要向天津市银行团商借款。

张自忠的这些做法，产生了效果。在他担任天津市长的那段时间，社会治安基本良好。当时，给日方当便衣队的那些中国人，大部分都是无业游民。面对这些无业游民，张自忠在天津市设立了一个救济院，不让天津市出现一个乞丐。对于贫苦的穷人和吸大烟的人，救济院收容并且教养他们，给他们治病，给他们发工薪。由于张自忠的努力，日方再也没有机会发展乞丐去为他们卖命。

一九三六年的秋天在天津市的英租界内，发生了英国人侮辱中国车夫的事件。当时，在英国租界内共有八千多的洋车夫，他们过着艰难的日子，一个车夫要给四个租界纳捐，意思就是交钱。当年，在天津市政府第三科当科长的潘玉书在回忆文章里曾这样写道："一九三六年秋天，英租界内共有八千余户洋车夫，照章在英工部局登记纳捐，叫'起英国捐'，去日租界，'起日本捐'；去法租界，'起法国捐'；去意租界，'起意国捐'。一辆车起五道捐，方能通行无阻。否则路过各国租界的车夫，随时都可能遭到各国巡捕的殴打。当时的车夫，并不是车主，他们租的是洋车厂的车。车夫交车租，也叫交'车份'。车夫每人每天除交车份、车捐外，必须赚一元五角左右，方能维持一家三四口吃饭。”

就这样，生活在底层的车夫的日子过得非常艰难。因为在英国租界拉车，被洋行的洋人瞧不起，常有歧视嘲笑侮辱洋车夫的事情发生。有一天，英商怡和洋行洋人做洋车的时候，车垫内弹簧条断了。断了的弹簧条扎了洋人的屁股。洋人发脾气，辱骂了车夫。然后，他到英工部局，找到了局长巴恩士，要求检查洋车的弹簧垫子是不是很坚固。

于是，巴恩士命令所有车夫都到英工部局等级检查洋车，规定报到时间是从早上八点到下午六点，登记后不准离开，违反规定的车夫要受到处罚。有些车夫在英工部局等了一天，也没有等到查车的机会，白白浪费了一天的时间。而被检查的车夫遭到了英国巡捕随的骂和殴打。这些车夫实在无法忍受，他们自发组织起来，向天津市胶皮车公会告状。

于是，该会有董事八个人来到社会局为车夫请愿。社会局认为此事事关外国租界的问题，通过市府三科主管向张自忠市长请示。潘玉书通过马秘书长向张自忠市长说明了情况。张自忠听完后非常心痛，商量应对的办法。

最后，张自忠严肃地对潘玉书说：“你告诉洋车公会，英国人打中国人，中国人在英租界可以不拉座！”

后来，潘玉书把张自忠的原话转告胶皮车公会的代表，传达给了在英租界拉车的八千多车夫，从即日开始，一律拒绝给英租界的人拉车。带有英国捐牌而没有拿到中国捐牌的车，都可以到中国的地方拉人，拉东西，天津市的警察也要帮助他们。

英租界的车夫们开始罢工。从早上六七点到八点钟，正是英租界各洋行和领事馆的上班时间。但是，当他们出门上班，嘴里喊着“洋车”的时候，却发现街上一辆车也没有出现。当地的居民都出门边看边议论。偶尔发现一辆洋车的空车，都是朝着中国管辖的地方奔跑的，当车夫见到英国巡捕，手拿指挥棒，嘴里大喊“打住”的时候，车夫头也不回，直接拉着车跑出了英租界。有钱的人大喊着多给钱，还有的喊“送一次，给五元钱，”车夫却笑着说着对不起，就跑到中国管辖的地方去拉车了。

到了上午九点钟的时候，英租界内英工部局派出很多辆大卡车，接那些在英国领事馆和英军司令部等部门工作的人员请到车上，把他们送到工作的地点。车辆不够用，英工部局甚至把送犯人的汽车都派了出去，接送在工部局工作的华人，这引起了华人的愤怒，他们大骂英国工部局，拒绝上车。就这样，三天过去了，到了第四天上午的八点，巴恩士来到了潘玉书的家，要和他商谈解决这个问题。潘玉书的答复是：他不能与英方谈此事，等见到市长后，再作答复。巴恩士对潘玉书说：“向你致敬，盼早回音！”

潘玉书见到了张自忠，把经过向张自忠做了详细的汇报。张自忠听完后用洪亮的声音说：“好办！你可以代表车夫去告诉巴恩士，今后不许可英国巡捕打中国人！验车延期，赔车钱！苦人不容易！”

潘玉书回到办公室后，他告诉看电话的勤务员，让巴恩士到电话台上听他讲话。很快，潘玉书用英语对巴恩士说：“这是潘先生正在说话，但不是市府三科科长讲话，而是英界洋车夫总代表讲话，车潮可以面谈。”

巴恩士笑了，他说："潘先生，如果现在你方便的话，我可以去见你。"

潘玉书回答说："快中午了，我回家吃饭，顺便去你处。"

巴恩士说："我不回家吃饭，我一定欢迎你的到来。"

潘玉书放下电话，开车来到英工部局，对方殷勤招待他。等到潘玉书坐下后，当时发表声明，潘玉书此时以车夫代表的身份，他向英工部局提出三项要求：第一，抗议英国巡捕打中国人，今后工部局要保证在验车期间，不再有殴打中国人事件发生；在言语方面，要有礼貌。如办不到，唯工部局长是问。第二，验车延期，过一小时，由工部局付延期费二元。第三，今后在英租界内，英巡捕对待中国人，不得有任何侮辱的行为。

巴恩士听到这些条件，他都无条件答应了。但是，延期费，他还是要还价，验车耽误半天，工部局给补助金一元。双方达成协议后，中国车夫在英租界罢工的事情圆满解决了。这次车夫罢工风潮，打击了英租界的嚣张气焰，让中国车夫可以扬眉吐气，也让欺负中国人的外国人知道，中国人是不能欺负的。

紧接着，在一九三六年的夏天，天津又发生了英国商人偷税的事情。天津英商平和洋行，他们在特一区大连码头出口大批西口羊毛。但是，他们没纳税就私自装船，就在要起锚的时候，特一区税务分局上报：平和洋行装船没有出示税单。主管人员与他们交涉，该洋行的负责人却说，从《辛丑条约》后，英国商人从不向中国地方政府纳税，已经有三十年了。

张自忠得知后，他的批示是："不完税，不许开船，交三科查照办理。"

张自忠对潘玉书说："英国商人诈欺取财，这回可不要放过去！"

潘玉书明白了张自忠的意思，就是让三科电话通知特一区警察署主任黄子和，扣下该洋行的火轮，不交税不准起锚。

当时，英国驻天津的总领事官名叫雅斐乐，就在事发当天，他派来一位名叫河伯特的少校的领事官前来交涉。只见河伯特身上穿着外交官的制服，腰上佩戴短刀，他的模样很凶狠，开车来到市政府门前，喊着要见市长。

市政府传达室的主任把他请到了三科科长会客室，一进会客室，这位河伯特少校开口说："我方抗议你们扣留船只，我方要求赔偿延期费。"

当有人把英领事官的无理要求汇报给张自忠市长的时候，他说："事关商务，可由该洋行与三科洽办。告诉河伯特领事，我忙，不能见！"

英国领事官河伯特得知张自忠不见他后，没了办法，气势汹汹地开车来，却灰溜溜地开车走了。

第二天，平和洋行派洋人来到市政府，求见三科科长。传达室按照市长的指示，让洋人在那里蹲了一个多钟头，然后，才把他们叫到三科的柜台上。市政府坚持要平和洋行写出书面的请求纳税的申请，才能同意放行。洋人马上就开出了支票，并写了书面的申请纳税书，送三科。接着，我方把英商平和洋行纳税申请书，抄送一份送去英国领事馆，转给所属的全体英商，郑重告知他们："从即日开始，所有英国来华的商人，都要按时纳税，不能找任何借口拒绝交税。”从此以后，所有外国的商人都按时向天津市政府交税。

张自忠处理的这起涉外事件，洗刷了中国自鸦片战争以来被外国侵略者欺压的耻辱。这起涉外事件，让天津人民看到了天津市政府是个能为百姓做主的好政府。而张自忠，是一位能给百姓撑腰的好市长。他到天津没多久，就用自己的行动在百姓中竖立了良好的口碑，是一位有良心的市长。

一九三七年的五月八日，距离七七事变只有两个月的时间。这一年，发生了一件在外交方面非常重大的事情，后人称之为张自忠与田代的席位之争。那么，这次席位之争究竟是怎么回事呢？就让我从头说起。

那一年的五月八日，天津英国总领事馆举行英皇加冕典礼庆祝活动。这么大的活动，当然要把驻天津的各国来宾都请来，办一个宴会，招待贵宾。当时，要从两位人选中最终挑选一位作为最高级别来宾，这两位的人选一位是日方的、一位是中方的，日方的人选是日军华北驻屯军司令官田代皖一郎；中方的人选是冀察政务委员会委员长宋哲元。

有一天，英国总领事雅斐乐请天津市政府的秘书长潘玉书吃茶，他对潘玉书说，日本总领事崛内派西田副领事找过他几次，同他商谈，庆祝活动那天想请田代司令官为最高来宾。但是，为了慎重起见，希望潘玉书回去以后，把这个情况向张自忠将军汇报。

潘玉书回去后向张自忠汇报，张自忠听完对他说：宋委员长马上要去乐陵，稽查委员会当指令天津市长就近出席庆祝活动，而张自忠也要有事去东京，也不能出席活动，张自忠指定潘玉书作为我中方代表出席庆祝活动。说完，张自忠叮嘱道："此事有关国体。英皇加冕典礼的庆祝活动是在英租界内举行，而英租界为中国领土，中国是主人。日军驻天津市不平等条约的产物，国际场合，不能喧宾夺主，郑重转告雅斐乐，如果他们内定的最高级别来宾是田代，中国政府方面决不出席庆祝活动。"

后来，潘玉书将张自忠的话转告了雅斐乐，英领事馆最后决定：张自忠为最高级别来宾。首席来宾的位置就这样确定了，但是，张自忠没有亲自出席庆祝活动。

张自忠在天津当市长的时候，他为人廉洁公正。在张自忠没有来到天津当市长之前，天津官商勾结，贪污情况严重，腐败的风气在天津市政府官员中流行。张自忠担任市长后，承包商找到张宗衡的亲戚，请求张宗衡当介绍人，介绍商人承包天津税务。他们想拿出六十五万元承包，签订合同的时候，可以写三十万或四十万。这样的话，如果张自忠同意了，就可以拿到二十五万元，这些钱当然就可以归张自忠个人私有。事情办成以后，张宗衡可以得到三万元的酬谢费。

张宗衡向张自忠请示，并且表示他可以把给他酬谢的三万元拿出来归功。张自忠听完后，当时表示不同意，他说："西北军的干部有很多失业在家的人员，傅正舜办税务很有办法，咱们可以安排西北军的失业人员，比包给那些商人要好得多。"

天津大沽成立了军警稽查处，主要是稽查走私货物的，查货了很多走私货物。张自忠命令我们把走私货物都交给公安局处理，军队不得过问。张自忠在天津当市长的时候，他重法纪，从不徇私情。当年，天津市郊葛沽有一个土匪头子，带领一帮土匪，在津沽一带抢劫，最后被抓获。这个土匪头子和青帮头子张树声很熟悉。张树声以老长官的身份从南京来到天津为土匪头子求情。张自忠没有答应，把最大恶疾的土匪头子处决了。

张自忠主政天津期间，做出了很多让国人骄傲的事情，竖立了中国政府的良好形象。一个不贪污、不腐败，在外交方面不卑不亢的市长，让很多身处逆境中的国人，看到了光明和希望。只可惜，当年的国民党政府中，像张自忠这样的官员太少太少，仅仅一个张自忠是挽救不了蒋介石最后的结局。正如当年，去了台湾的蒋介石自己也承认了一个事实：国民党不仅仅是被共产党打倒的，是自己打倒了自己，是贪污和腐败打倒了国民党，是那些只想捞取金钱的大员们让当时的国民党政府彻底失去民心。

张自忠在天津当市长期间，捍卫了国家的主权，维护了国家的尊严。他的功绩，有目共睹。当笔者把目光从资料上收回来的时候，不仅仅有感慨，更有深深的思考。

第十一章
去日本考察

每个读者心中都有一个疑问，张自忠痛恨侵略中国的日本军人和发动战争的日本政府，那他为何还要去日本考察呢？

当年，张自忠在战场上曾多次击败日军。这让日本政府和日本军方视张自忠为眼中钉、肉中刺。他们见不能打败张自忠，就想尽一切办法拉拢他。张自忠的部将董升堂曾说："日本人见张自忠勇敢善战，所部三十八师坚强有力，在二十九军地位重要，于是便把他当作争取的对象，企图把二十九军的二级将领拉出来，以实现'华北自治'。"

日方请张自忠去日本考察，表面看起来是表示亲善，其实，是有明确的政治目的。就是想拉拢张自忠和他的将领们，让他们不在正面战场打击侵华的日军。但是，日方的邀请遭到了张自忠的拒绝。张自忠根本不愿意去日本考察，但是，他的上司宋哲元却对张自忠说："我已答应了人家，怎么失信于人呢？"

虽然上司宋哲元派张自忠去日本，但他心里是一百个不愿意。可是，上司的命令他也不能不服从，不想去也要去，没办法，张自忠只能向南京政府汇报情况，并且说："去日本考察需要四十天的时间。"

查阅文史资料后发现，张自忠的侄子张廉瀛在一九三七年曾跟随张自忠赴日考察。后来，他写了《随伯父赴日考察琐记》一文，详细记录了张自忠去日本考察前后的一些事情，现选摘几段如下：

“一九三七年，日军加紧侵华步伐，形势日益紧张。全国人民抗日热情高涨。宋哲元作为冀察政务委员会委员长，正处于重重矛盾之中。冯玉祥在泰山不断给他和张自忠、冯治安、刘汝明等来信，鼓励他们抗日。二十九军官兵纷纷请战。这股要求抗战的力量，给宋哲元很大压力。若是下决心抗日，他又担心蒋介石不支持，怕丢掉地盘，牺牲人马。因此，他虽然做了扩军备战，但是仍然举棋不定，还在与日本人交涉、敷衍，以便拖延时间。日本军一刻也不放松侵略华北，向我提出许多无理要求。如：要合办沧石铁路，合作开矿，要求二十九军中团以上单位聘请日本顾问等等。宋哲元面对这一切，在一九三七年春节，托故回原籍以拖延、敷衍日本人。可是日本人施出一个毒计，邀请宋哲元去日本参观，其目的是炫耀‘日本富强’，要挟宋哲元就范。宋哲元看清日本人这一计谋，知道到了日本之后没有回旋余地，所以他想了个两全之计，决定派张自忠代他去日本。”

从张廉瀛的文章中可以看出，当年，宋哲元派张自忠去日本考察，也是迫于无奈。于是，中方赴日考察团成立了，张自忠担任团长，张允荣担任副团长。成员主要有：三十八师旅长黄维纲，三十七师旅长何基沣，一四三师旅长田温其，一三二师参谋长徐廷玑，天津市政府交际主任兼中英文秘书翟维祺，日文秘书卢南生，医生潘俊千，天津市政府参事徐维烈、边守靖等人。张自忠赴日考察，带了他的儿子张廉珍，侄子张廉瀛和女儿张廉云、侄女张廉琚，一共是二十多人。当时，这些考察团成员的政治面貌非常复杂，每个人的立场都不同。

一九三七年三月二十七日上午九点，一辆列车从天津车站开往塘沽，这辆列车上坐的不是普通的旅客，而是赴日考察团的成员。他们先坐火车到达塘沽，然后在从塘沽码头坐船到日本。专列的速度不快不慢，一个小时后到达了塘沽。

上午十点，塘沽的码头上站着很多送行的人。这些人中有天津市政府的领导人、张自忠的家属和亲友，一共一百多人。此时此刻，张自忠面对同事、面对家属和亲友，心中有万语千言。可是，他不能说也不想说，仿佛千斤的重担压在身上，他感觉到了压力。

十一点，这艘名叫“长安丸”的轮船起航，慢慢地驶出了港口。这艘船的吨位是两千多吨，是一艘日本轮船，船长是日本人。吃午饭的时候，日本船长对赴日考察团的成员说：“这船虽然吨位很小，但在清朝末年第一次到天津时，我们邀请你们的光绪皇帝、慈禧太后坐过这条船的。”

张自忠听到这些话，心里就有些不舒服。当天的晚上，张自忠把随行的几位将领召集在一起，他让每人写一篇赴日考察的感想，让他们第二天上午交卷。到了第二天上午，这几位将领准时把写好的赴日考察的感想交给了张自忠。张自忠仔细阅读完后，于下午让翟维祺把感想交还给他们，并且让他们把感想烧掉，不要让日方的人知道的内容。

到了晚上，海上刮起了大风，大风掀起了大浪，所有的人都无法站立，大多数的人有了晕船的感觉。此时的他们，都知晓这次赴日会艰难。但是，他们谁都没有料到，他们的团长张自忠在赴日之后，会背上汉奸的罪名，承受无法分辨的恶名，行走在人生的路上。大风不停地刮着，刮了两天两夜，轮船在茫茫大海上行驶，三天半后，才终于到达了日本门司。

到达日本门司的时间是上午八九点钟，轮船靠岸，门司日本警备司令和一个副官以及门司市长和翻译登上了轮船。在船长办公室内，他们表示了欢迎，张自忠出于礼貌，他致了答词。这就是日方对他们的欢迎仪式，是非常简单的。日方陪同他们下船，但是，没有让他们离开码头，二十分钟后又乘坐轮船向对岸的长崎驶去。

轮船到达长崎后，竟然没有任何人前来迎接。接着，日方又陪着他们到达了长崎火车站，乘坐火车朝着箱根方向驶去。在到达箱根名胜区后，在那里住了两天，第一天是乘坐汽车在箱根旅游，当天返回了箱根。中午，他们方乘车由箱根到达了名古屋，刚到达名古屋没多久，就接到了东京的中国大使馆发来的电报，内容如下：大使许士英回国述职，次日名古屋有一个国际博览会开幕，中国展览馆邀请刚到日本的天津市市长张自忠代替许士英大使举行揭幕典礼。电报的署名是东京大使馆代办杨云竹。

在下午三点多的时候，张自忠派翟维祺和卢南生去展览馆提前看一下。很快，两人去展览馆看了看，回来向张自忠汇报说，中国展览馆的对面是伪满洲国展览馆，挂着伪满洲国旗。张自忠听完汇报后，他非常生气。他立刻派翟维祺、卢南生等人去与日方交涉，并且强调："东北是中国的领土，我们只有一个中国，没有什么伪满洲国，这是对中国的侮辱。责令日方撤除伪满洲国展览馆，把伪满洲国国旗降下来。”

他们与日方交涉得并不顺利，经过他们的多次交涉，但直到吃完晚饭后，这个问题仍然没有解决。于是，张自忠对日方亮剑，他强硬地说：“如果明天上午伪满洲国的国旗还不降下来，我方赴日考察团马上回国，而且，日本的天长节也不会参加了。”张自忠向日方施加压力。张自忠的强硬态度果然起到了效果。因为，日本官方已经把张自忠代替中国大使许士英参加天长节的事情向日本天皇做了汇报。如果到时候，张自忠没有参加天长节，他们害怕遭到天皇的处罚，他们无法承担责任。深夜十一点，日方终于答应了张自忠的要求。

虽然，日方答应了张自忠的要求，但是，张自忠仍然放心不下。这天夜晚，他睡得不踏实，天刚刚亮，他就派翟维祺、卢南生去博览会看看情况。二人去了展览馆，就看到伪满洲国展览馆已经关门，伪满洲国国旗已经降下来了。上午九点，张自忠率考察团全体团员来到了展览馆，并且出席了揭幕仪式。

在中国展览馆内，他们遇到了几个伪满洲国展览馆的工作人员，他们愤怒地看着这些汉奸。这时候，何基沣开始痛骂他们，骂他们是狗腿子、狗汉奸。那些伪满洲国展览馆的工作人员没敢说一句话，都灰溜溜地走了。

赴日考察团的团员们参观回来后，都非常高兴。因为，痛骂汉奸的感觉很舒服，终于出了一口恶气，每个人的脸上都带着笑容。但是，考察团中有几个亲日派，他们听着何基沣骂汉奸，一句话也不说，心里自然不是滋味。

在名古屋，考察团在那里住了三天两夜，然后，乘坐火车到达了东京，他们住在帝国饭店。在东京的这几天，只有一名日本翻译跟着张自忠，参加了日本天长节和日本天皇的阅兵式，其他成员都没有安排参加任何活动。几天之后的一个下午，帝国饭店来了一位名叫松井石根的高级军官，他是日军的大将，带了一名副官。

在东京的时候，日本人经常请考察团的成员吃饭，东京市长就曾给每个团员发过请帖，也给他们随行的家属发了请帖。张自忠不允许他的家属去赴宴，他对翟维祺说：今后不管是谁请客，都不要让孩子们参加。中国大使馆代办杨云竹以许士英大使的名义在大使馆内请客，随访的家属也不能去。如果是邀请参观，就要看情况了。如果是去参观军事方面的设施，他只带四个军人去参观，如果参观项目的话，所有赴日考察团成员都能参加。如果是上街购物，三三两两的可以自由活动。

在东京，他们去了日本的科学研究单位，在那里参观了声波、电波这一类的仪器；他们去了上野的动物园；参观了唱片厂，在那里，日方请了一位有名的女歌唱家千代子献唱，她长得非常漂亮，并录有唱片。演唱结束后，张自忠走上前去，礼貌地与她握手。翻译介绍说，千代子之所以来献唱，是因为她的丈夫在天津中日合办的惠通航空公司驾驶飞机。后来大家分析，这定是日方故意安排的，目的就是想尽办法拉拢张自忠，表示友好。

有一天，日方邀请他们去参观航空表演。表演的时候，上空飞来四五架飞机，这些飞机飞得很低。然后，从考察团的头顶上飞过，一次飞得比一次低，日本飞机最后一次在考察团头顶飞行，距离竟然只有十多米的高度，一边飞一边发出奇怪的声音。后来，考察团里的几位军人气愤地说："日本人太坏了，今天的航空表演，说是表演，其实是在向我们示威。"

每到晚上，考察团的成员们都不会随便出去的，偶尔也看过一两次戏。张自忠喜欢在安静的夜晚写书法，他写书法最爱的是魏碑体，请张自忠写书法的人大多是旅日学生和考察团成员的亲友。

张自忠在日本东京考察的时候，有个名叫丰田的七十多岁的日本人经常来帝国饭店找陈中孚和王文典。这位日本老人是个博学的知识分子，他头发雪白，身穿西装，话虽不多，但每次开口说话的时候都是很和气的，见到张自忠都会友好的握手。这位老人是日本侨民，在山东济南侨居了几十年，对中国有深厚的感情。他在济南日侨学校当过校长，熟悉济南的很多社会名流，所以，他认识考察团的几个成员。后来，考察团回国的时候，老人与我们乘坐同一条船到达了青岛，以后又去了济南。

考察团在日本东京待了两周的时间。就在考察团即将离开东京的前一天的下午，有位姓宋的人来找张自忠，他说他是旅日的学生，并且说他是山东德州人。山东旅日学生有两千人，想与考察团见见面，他此次来，是作为邀请的代表。那天，宋同学来的时候，张自忠外出，不在帝国饭店，张自忠的侄子张廉瀛陪他聊了一会儿，然后就告辞回去了。

张自忠回到帝国饭店后，张廉瀛把旅日学生求见张自忠的事情告诉了他。张自忠对张廉瀛说：“我不见他们。他们来时就说我不在。”到了晚上七八点的时候，旅日学生代表又来见张自忠。张廉瀛说：“张先生不在。”

宋同学对张廉瀛说：“山东同乡同学很关心张市长这次来日访问，大家都知道张市长是喜峰口长城抗日的名将，同学们希望能见见他。”宋同学说完留下电话号码就走了。宋同学离开后，张廉瀛对张自忠说：“还是见见这些旅日学生吧。”张自忠什么都没有说。一直到了晚上十一点多，张廉瀛已经睡着了，翟维祺把张廉瀛叫醒，问他山东旅日同学留下的地址和电话，张廉瀛把号码告诉了他。翟维祺马上给宋同学打电话，通知他，第二天上午八点钟，张自忠就去与旅日学生们见面。

第二天早晨起床后，吃完早餐，张自忠安排让考察团的所有成员去火车站，在十点多钟的时候，乘坐火车离开东京。张自忠先去山东旅日同学会与同学见面，然后再去车站。张自忠带着翟维祺一个人来到了山东旅日同学会，受到学生们的欢迎。眼看火车还有十分钟就要开车的时候，张自忠和翟维祺才来到火车站，十几个学生代表来送站。

火车驶离了火车站，考察团的成员们，看着东京的建筑物和风景离他们越来越远，每个人的心情都是不同的。有人长舒一口气，心想终于要回国了，离开日本心情也好了起来；对于亲日派来说，离开日本，他们觉得像缺少了什么。他们缺少的不是情怀，而是良心。正像多年后，张自忠在牺牲前说的那句话：我对得起自己的良心。

当火车开动后，张廉瀛向陪同张自忠去旅日同学会的翟维祺打听他们与学生们见面的情况。翟维祺说起上午去学生会的情况，道：上午，说他们到了同学会后，同学们为张自忠和他准备了早餐，有小米稀饭和馒头。有位同学代表致辞，他说：“张先生这次来到日本访问，山东同学表示热烈欢迎，同时也很关心张先生访日的情况。张先生是长城抗战的名将，希望谈谈来访的情况。”张先生第一句就问：“你们这里有日本人吗？”学生们说：“没有，大门已关上了。”张先生继续说：“这次日方本来是邀请宋先生来的，因为宋先生回山东养病去了，所以派了我来。同学们放心，张自忠在任何时候，决不会做出对不起国家、对不起人民的事情。”同学们报以热烈的掌声。最后，张先生问同学们：“你们同学会的钱是从哪里来的？”同学们说：“都是大家凑的钱。”张先生对同学们说：“现在我代表宋先生给你们提供一点帮助。”说完，他拿出钱来交给了同学们。

张廉瀛听完翟维祺的话，静静地坐在火车上，他的眼光落在伯父张自忠的身上，他的眼里充满了对伯父的敬意。在日本东京考察的这段时间，每晚看到张自忠在写书法，他就觉得伯父是在发泄自己郁闷的心情。作为赴日考察团的团长，带着不同立场的人来到日本，他的心里肯定是有压力的，有了压力就要释放出来。对于伯父来说，在谈判桌上的斗智斗勇，并不比在战场上浴血拼杀要容易多少。

离开东京以后，赴日考察团又到很多地方进行游览。他们在奈良看到了鹿群；在八幡，他们到炼钢厂参观；在大阪，他们乘坐了方便、快速的交通工具——地铁。然后，大家都买了日用品。一天中午，在海边的时候，日军的一位海军参谋长请客，作陪的还有不少日本海军军官，午餐是西餐。虽然，张自忠曾严格要求不准家属接受日方的邀请，

但是因为在旅途中，没有吃饭的地方，没有办法，家属也参加了宴会。

有一次车子靠站，日本师团长土肥原带着警卫站在车站上，他是来迎接张自忠和张允荣的。他们见面说了几句应酬的话，就开着汽车走了。原来土肥原的师团部就在车站附近驻军。后来，在西京的旅馆内，见到了日本驻北平特务机关长的翻译爱泽，这人看上去只有三十多岁，中国话说得非常流利。

赴日考察团在日本旅行的最后一站是神户，在神户饭店吃饭的时候，他们见到了两个日本军官，一个名叫樱田中佐，一个名叫笠井少佐，他们都是二十九军的顾问，在中方代表团来日本前，他们就休了探亲假。在神户开往北平的轮船上，他们和考察团一起乘船到北平，回国乘坐的那艘轮船名叫“大陆丸”，有六千吨重，在海上航行了两天两夜后到达了青岛。

那么，赴日考察团为什么不乘船到上海，而是选择到青岛呢？这一定是有原因的，究竟是什么原因呢？为了寻找答案，笔者翻开了资料。那是张自忠的侄子张廉瀛写的回忆文章，在文章里，他详细地写出了原因：

“在东京时就听说去天津没有大船，旅途时间又长，有人想从上海登岸，顺便到上海玩玩。何处登岸，意见不一致。经过研究，最终决定在青岛登岸。因为这个考察团赴日访问，没有请示蒋介石，担心到上海后，被蒋介石借故扣留。但徐维烈、黄维纲二人提出不走青岛，因他俩曾与韩复榘作过战，恐路过济南被扣。经过团领导的分析说服并做了担保，他俩才同意到青岛。船抵青岛时，青岛市长沈鸿烈、渤海海军司令谢刚哲，及宋哲元的代表等到码头迎接。早上抵青岛，晚上乘专列于次晨到达济南。韩复榘、何思源、孙桐萱以及各厅厅长到车站迎接。在济南住了一夜，再乘专列会北平。赴日考察往返共五十一二天，三月二十七日出发，五月中旬回到北平。”

考察团平安回到了北平，回到了祖国的怀抱。但是，在接下来的日子里，张自忠做梦都没想到，一顶汉奸的帽子竟然扣在了他的头上。此后的岁月里，张自忠的命运又是怎样的呢？

第十二章

背负汉奸的骂名

翻开厚重的史料，当年赴日考察团成员之一的张勃川写了一篇文章，标题是《对张自忠率领的赴日考察团的回忆》。在文中，他从自己的视角回忆了当年与张自忠一起去日本考察的经过。他这样写道：

“一九三七年三月，以宋哲元为首的冀察政务委员会派遣了一个由张自忠将军率领的考察团赴日本。这个考察团是日本军国主义为了进一步侵略中国，使华北‘特殊化’，邀请宋哲元去日本访问的。宋哲元以自己去后，无回旋余地，于是决定派张自忠率团前往。考察团成员以二十九军的四个旅长为主，这也是日本要求的。如果全是军人，会太引人注目，便搭配了其他方面的成员。即使如此，在当时情况下，也引起了国内外的注目和怀疑；究竟日本要和考察团搞些什么名堂。

“我才从日本回国不久，又和张自忠是同乡，所以经人推荐，参加了考察团，用的名字是张既澄。考察团一进入日本，就进行参观游览，从门司下船后，经长崎、名古屋到达东京。

“在东京停留期间，只进行一般性应酬活动。如赴东京市长的宴会之类的活动，考察团全体成员参加；军事方面的参观活动，只有张自忠和四个旅长参加。一次最重要的活动是陆军大臣东条英机的宴请，考察团全体成员参加了，并照相留了念。饭后，张自忠和四个旅长留下与军方会谈，这是关系重大的一次会谈，直至深夜张自忠等人才回了饭店。四个旅长回来后，神色有些紧张，问他们情况，却都未透露具体内容。

“在考察团离开东京前，有留学生代表去见张自忠。张不在，未见到，要我联系一下。我和张自忠说：‘留学生代表我认识，他们都是爱国青年。他们对你也是了解的，对考察团这次访日很关心，见一见比不接见好。’于是，张自忠临行前会见了他们。当同学问到张这次访日的情况时，张表示他和同学们一样是爱国的，决不会做出对不起国家和民族的事情来。事后有十几个同学到车站欢送。考察团离开东京后，又到京都、大阪、奈良、热海等地参观游览，最后从神户乘船经青岛，与五月中回到北平。”

从张勃川的回忆中可以看出，当年，张自忠在临行前与留学生代表见面，表达了自己的观点，也得到了留学生们的支持。那么，为何当张自忠回国后，就被扣上了汉奸的帽子，这究竟是为什么？

从古至今，历史有时候像一座迷宫，很多看似简单明了的东西，却怎么也无法拨云见日。站在历史的迷宫前，作为读者，有时候更应该像一名侦探，抽丝剥茧、层层分析，这样，才能看到自己想看到的东西。

当年，曾经跟随张自忠的部将董升堂所写的《张自忠将军生平概述》一文中，对张自忠将军的一生做了生动、简练的概述，此文根据张自忠的人生经历，分为了十八个小章节。其中的一个小章节，就写了张自忠率团赴日考察的经过，他在谈到张自忠是如何被国人戴上汉奸帽子的问题时，写道：

“到了东京觐见日亲王闲院，忍受了三进三退三鞠躬的耻辱。此外，照例参观、应酬，忙个不停，但并未与敌谈判实际事情。日军部大失所望，就唆使天津的驻屯军司令官田代皖一郎向冀察政务委员会要求谈判中日经济提携、与伪满洲国通邮通汇、中日合资开采龙烟矿和代中国修筑沧石铁路等。宋哲元严词拒绝，结果闹成僵局。宋哲元一面密令二十九军奋战；一面让天津市府电张自忠速速回国。张自忠接电后便停止参观，立即首途。宋哲元回山东原籍修墓，以避免再与日军交涉。田代因事事不得要领，便一气而病。外界不明真相，于是舆论沸腾，谣言蜂起。有的说张自忠同日方订了签约，日本送了他多少钱，还给了他一个日本美女。甚至汉口的《武汉日报》也公然刊载了这一段谣言。”

从这段文字可以看出一些问题，究竟是谁在造谣，现在看来，似乎清楚了一些。一个谣言，竟然还堂而皇之地被刊登到了报纸上。而当时的《武汉日报》是重要的纸质媒体。当时的青年学生和百姓，片面的相信了媒体的话，就这样以讹传讹，让一代抗日名将背上了沉重的包袱，戴上了汉奸的帽子。

当时，天津市府曾给汉口市府写过公函，要求对这件事情进行公正。不过，当时很多跟随张自忠的部将都觉得难分真假，经过媒体的报道宣传，假的东西也成了真的，真的东西却成了假的。当年，他们还曾

私下交谈："我们头儿真的会做汉奸吗？"

张自忠手下曾有人问他："现在舆论对你抨击，国人对你唾骂，连我们都不知道你葫芦里装的什么药。"

张自忠听到手下的人对他讲出这样的话，心里很难受。他沉默了一会儿，脸上的神情变得庄严起来，他严肃地说："目前华北的危急，关系国家民族的存亡至大。我国军究竟准备到什么程度？本军仍散驻在各处，尚未集中。在和平尚有一线希望，牺牲未到最后关头之时，只有本着'我不入地狱，谁入地狱'的精神，牺牲小我、顾全大局，忍受目前的耻辱。凡不能忍受的，绝难任重致远。周公尚有流言日，好恶在世盖棺论定。成功成仁，将来一定有机会的。和平绝望中日开战，就是我们牺牲的最后关头。把我张自忠的骨头轧成碎粉，用化学分析分析，看有一点汉奸气味没有？"

张自忠的部将在《赴日考察的经过》的结尾，是这样写的："他忍辱负重，以待将来，是早具坚定决心的。"

一代抗日名将是不会忍受这种屈辱的。他不是汉奸，却被国人诬陷为汉奸，而他眼睁睁地看着那些真汉奸，在国内大摇大摆地走着，甚至有时候登堂入室，大模大样。有的真汉奸会在茶余饭后笑骂他这个并非汉奸的将军。这样的闹剧，是那个时代的悲哀。

张自忠就甘心情愿的被汉奸们嘲笑，被国人辱骂吗？如果他就那样默默地忍受，那绝对不是张自忠的性格。此时的他，心中也充满了惆怅和失落，还夹杂着痛恨和悲伤。一代名将背着耻辱，走在他悲凉的人生道路上，那一年，他还不到五十岁。都说，人到中年就像走进了秋天，不见花开、只见叶落。这时候，张自忠的眼中也有了些痛苦。但他绝非伤春悲秋的文人，将军的眼里看到的只会是“金戈铁马，气吞万里”的气势，当一个人被逼迫到人生的死胡同的时候，他必然要彻底反击。

一九三七年，张自忠四十七岁，七七事变爆发，日军入关，华北局势开始紧张。中国人的心开始揪了起来，战争的乌云笼罩在每个爱好和平的人的心中。战争就像恶魔，谁都不喜欢战争，可解决战争的办法还是要依靠战争。

当年驻军北平北郊和通县一带的陆军独立三十九旅旅长阮玄武曾经写文章回忆了宋哲元离开北平后，他和张自忠留在北平的往事。他写道：

“一九三七年七七卢沟桥事变时，我任陆军独立第三十九旅旅长，归张自忠指挥，驻北平北郊和通县。事变是日军预谋已久一手制造的。当时卢沟桥驻防部队是第三十七师何基沣旅吉星文团，受到日军袭击后，何基沣毫不犹豫地命令吉团奋起抗击，遂揭开战幕。与此同时，日军向宋哲元提出要冯治安的第三十七师全部撤离北平，并严办所谓的在卢沟桥‘肇事’的我方官员。宋哲元断然予以拒绝。日军一面与我谈判，一面积极备战。谈判期间，日军源源不断地把大批武装部队开进关内，并于七月二十八日拂晓开始向我军突然袭击，我副军长佟麟阁和一三二师师长赵登禹阵亡，南苑失守。这时，日方又向宋发出紧急通牒说：若他和第三十七师全部撤离北平，还可继续和平谈判，否则将采取延后措施。宋哲元当即召集在北平的军政首脑举行特别紧急会议，商量对策。他说：‘为了照顾全局和长远利益，我决定暂离北平赴保定后，再作下一步打算。可是在部队转移时，北平必须留人与日周旋，以掩护撤退，这个任务非常艰巨，请大家考虑由谁来挑此重担。’说到这里，他把目光转向张自忠。张自忠领会到宋哲元的意图，就毅然站起来说：‘现在战与和都成了问题，看情形事情不会一下子得到解决，为了国家和民族的长远利益，为了我们二十九军能安全脱离险境，我愿担当这重任，个人毁誉在所不计！’宋哲元很赞佩张自忠的果敢，立即写了一个委任张自忠代理冀察政务委员会委员长和北平绥靖主任、北平市市长、第二十九军军长等职务的手谕。张自忠接过手谕，激奋地流着泪说：‘委员长和大家都走了，我的责任太大，一定尽力而为！’宋也感动得热泪盈眶。当天傍晚，宋哲元就带着原北平市长秦德纯、三十七师师长冯治安等离开北平去保定。”

从以上的回忆可以看出，当年，宋哲元把北平留给了张自忠，所有的重担都让他来扛。当时，北平掌握在张自忠手中，这让日军感到头疼和棘手，张自忠感到了前所未有的压力，因为：北平城内有很多的百姓，百姓的安危都握在张自忠的手中。当年，北平的驻军并不是很多，石友三是北平以北地区的司令，指挥两个保安旅；指挥三十九旅的是阮玄武。

那天，宋哲元召开的紧急会议，阮玄武没有去参加，他在忙着布置作战。到了傍晚，阮玄武来到石友三的司令部，这时，他才知道宋哲元已经离开北平去保定了。张自忠的电话打到了石友三的司令部，张自忠把紧急会议上的情况都对阮玄武说了，并且让他转告石友三，按照冯治安的指示与三十七师一起行动，让阮玄武集合三十九旅，要避免敌人打着和平谈判的幌子找借口刁难；张自忠要阮玄武把队伍安排好以后马上去见他。

张自忠见到了阮玄武后，把当时紧急会议上的情况详细地对阮玄武说了，他拿出宋哲元的手谕给阮玄武看，他心情沉痛地说："宋先生把我留下来，不是为了打，而是要我与日军和谈以掩护部队撤退，免遭日军包围。现在大家都走了，就剩下我们两人来维持这险恶的局面。敌人野心很大，平津的情况又很复杂，怎样才能渡过这个难关？我们要好好商量。你多考虑考虑，帮我多出出主意，共同维持好这里的局面。"

阮玄武说："事情已经到了这种地步，我遵照你的命令办就是了。"

阮玄武从张自忠那里回到家中，他失眠了，一晚上都无法入睡。他感到自己处于进退两难的境地。他在回忆文章里，写出了当时自己真实的心里："首先，我意识到在这种情况下，绝对没有什么好结果，既想到自己的队伍若不撤走会被敌人吃掉，也想到个人的安危。想来想去，我决定不征求张自忠的同意，把队伍拉出险境再说。"

七月二十九日，阮玄武回到旅部，他把营长以上的干部都召集起来，他把目前的严重情况对大家说了，又把留在北平和把队伍带走的利害关系给大家分析了一下。最后，阮玄武特别强调，当前形势恶劣，如果想拉走队伍，最好就在当天的傍晚。

阮玄武说完，大家都没有不同的意见，他下了撤离的命令。那天的黄昏，阮玄武带领队伍出发了，没有带太多的东西，而是轻装出发。任谁都没有想到的是，前面的队伍刚刚出发，枪声就在营房那边响了起来。阮玄武听到枪声，马上下命令让队伍停止前进，并且召集前面的队伍，让他们赶快回来。此时，阮玄武知道，这支队伍他是无法带出去了。因为这个旅的绝大部分官兵都跟随了张自忠多年，他们都不想离开张自忠。张自忠不下命令，谁都不会离开。

阮玄武没有放弃，他召集营长以上的干部，脸上带着严肃的表情对他们说："刚才我已经把一切情况都讲清楚了，你们既然不愿意走，将来产生什么样的事情，可不要怪我。"说完这番话，阮玄武就回城里了。

三十日的中午，阮玄武见到了张自忠，阮玄武猜测，此时的张自忠可能已经知道了他要带走队伍的事情。张自忠和阮玄武是患难的朋友，交往了很多年，彼此都能明白对方的心思，也能理解和尊重对方，两人谁都不提这件事情。

张自忠亲切地对阮玄武说："和谈的前景不太乐观，日方百般刁难，潜伏在北平的大汉奸们都来向我要求，有的要当北平警察局长，有的要当平绥铁路局长。我想问你，你是否同意暂时担任北平城防司令？"

阮玄武拒绝当北平城防司令，局势日趋恶化。日军要挟张自忠，要他下令把守卫各城门的警卫部队撤掉。张自忠和阮玄武的行动都被日方盯住了，一些大汉奸要张自忠通电独立。在这样的危急关头，张自忠找到阮玄武商量对策，他说："事态发展越来越坏，你能否帮我缓冲一下，把当前的险关渡过？"

阮玄武听到张自忠这样对自己说，他急忙说："我俩情同手足，凡是我能做到的，就坚决去办，可是绝对不当汉奸！"

张自忠听到阮玄武竟然说出了这样的话，他气愤地说："你好好看看，我身上哪里有一点儿汉奸的味道？”

阮玄武知道张自忠当时痛苦的心情，他知道张自忠是个光明磊落的人，他没有再说什么，匆匆离开了。几天过后，张自忠得到了一个惊人的消息：驻扎在北苑的第三十九旅竟然在日军的逼迫下放下了武器，解除了武装，张自忠非常气愤，他对阮玄武说：“在这一段时间里，我们已尽力而为。时机到了，不宜再待下去，要设法脱离这个险境。”

阮玄武当即表示同意，两人有点舍不得分开，毕竟是多年的患难好友，他们的手紧紧握在一起。最后，阮玄武还是和张自忠握手道别。

阮玄武离开了，张自忠还要留在北平，不管未来会遇到什么苦难，他都做好了要勇敢面对的打算。

第十三章
逃离北平

张自忠的弟弟张自明写了一篇文章，详细写了张自忠撤离北平的经过。那段日子，对张自忠来说是非常痛苦的。作为军人，他本应该在前线与侵略中国的日军战斗，他却只能忍气吞声、到处躲藏，他心里的痛苦，作为他的弟弟的张自明是非常了解。他在文章里写道：

“日本军国主义者于一九三七年七月七日发动侵华的卢沟桥事变以后，为了争取时间发动全面的侵华战争，曾在一个短时期内，诡称卢沟桥事变是‘地方事件’，要进行‘和平谈判’，作为其缓兵之计。南苑之战，佟麟阁、赵登禹二将军牺牲了。北平在军事上已成孤岛，宋哲元将军不得不于七月二十八日夜间率二十九军和一些冀察政务委员会的官员撤离北平。在当时的情况下，宋哲元命令先兄张自忠代理冀察政务委员会委员长职务并兼代北平市长，以为缓冲之计。当时先兄的处境正是‘受任于败军之际，奉命于危难之间’。他长年在冯玉祥将军的领导熏陶之下，养成了‘军人以服从命令为天职’的思想。因此，他明知事不可为，却是除此之外，没有其他什么选择！于是，他决定暂时留下来，根据形势的发展再作应变之计。”

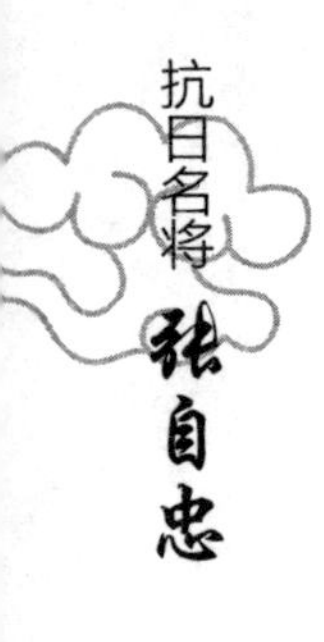

从以上文字可以看出，张自忠留在北平，也是宋哲元的缓兵之计。但是，这个计策并没有成功，宋哲元带领军队撤离北平后，郊区的各个重要据点便掌握在了日军手中，大批的日军进入了北平城。我军数量少，武器装备没有日军的好，面对敌多我少的情况，张自忠做出了他人生中最痛苦的决定：为了不做日军的俘虏，为了不被日军控制和陷害，他以身体有病需要治疗，悄悄地躲藏进了位于东交民巷的德国医院。

张自忠躲藏在医院里，觉得这不是好办法。医院毕竟是公共场合，来往的人很多很杂，有很多人认识他，在医院待的时间长了，早晚会被日本人发现。在德国医院住了几天以后，他派身边的副官廖报贞，找到了一位美国朋友名叫福开森，请他想办法营救张自忠。福开森是美国的著名学者，他是张自忠的好朋友，在中国生活了多年，对中国的情况非常熟悉，也是一位中国通。他眼看着美丽的中国被日军侵略，百姓们都陷入水深火热之中，对中国产生了极大的同情心。

福开森听到廖保贞转达张自忠的请求后，他犹豫了一会儿，很快就同意了。张自忠离开了德国医院，悄悄地来到了位于北平东城礼士胡同。那是福开森居住的地方，张自忠打扮成学者的模样，头上戴着礼帽，身上穿着长袍，在福开森的家里住了下来。

张自忠虽然安全了，可是，当他看到北平天津被日军强占，日军继续在中国烧杀抢掠，他的热血就开始沸腾。他知道，全面抗战的形势开始形成了，他不能再躲藏下去，他要想办法离开北平，重返属于他的战场。张自忠开始思考这些问题，经过他的反复考虑，决定派廖保贞前去探路。当时，张自忠的计划是先潜出广安门，绕长辛店，再转保定。可惜，我军正在保定以北的地方同日军作战，经过多次秘密探查，得知很难通过。通往天津的火车虽然可以照常行驶，但是，他不敢贸然行动，万一落入日军手中，再想逃脱就很难了。最后，张自忠决定：让廖保贞秘密去天津，找到赵子青，一起商量脱险的办法。

赵子青虽然是个商人，但他很讲义气。平时，他为了生意上的事情，与各国的洋行都有往来。张自忠之所以与他熟悉，是因为他曾经为二十九军买过一批数量很大的军火。他人年轻，办事稳重，眼界宽阔，喜欢与人交往，交际面很广。主要是他还认识很多的外国人士，这样的人一定能帮助张自忠逃离北平。

廖保贞顺利地来到了天津，见到了赵子青。廖保贞对赵子青讲了来找他的目的，赵子青答应了。很快，赵子青来到天津工茂洋行，见到了美国商人甘经理，甘经理经常驾驶汽车穿行在北平与天津之间，于是，赵子青就请甘经理想办法把张自忠从日军占领的北平城救出来。虽然当时北平天津都被日军控制，他们还在所有的交通路线上设置了关卡，盘查所有来往的车辆，查得很严。但是，工茂洋行的汽车却可以照常在平津间自由通行。甘经理非常乐意搭救张自忠，他又说不能马上就做出决定。

以后，赵子青才知道了为何甘经理没有马上就做出搭救张自忠的决定，他是向美国驻天津领事馆请示是否同意搭救张自忠。美国驻天津领事表示：张自忠将军被日军困在北平是政治性问题，营救他政治避难，是第三国应该做的事情，也是第三国应该尽到的责任。

甘经理和赵子青开始研究如何把张自忠从日军控制的北平城内营

救出来，传达秘密消息的任务就落在张自忠的副官廖保贞的身上。患难之中才能看到属下对领导的忠诚，廖保贞作为张自忠的副官，在张自忠落难的时候，并没有远离他，而是表现得非常忠诚，办事又很谨慎，这是非常难能可贵的。后来，张自忠的弟弟张自明在回忆文章里写道："廖保贞除赵子青外，对任何人，包括我在内，都没有丝毫暴露。"

在美国学者福开森的家中，张自忠身穿工人的衣服，头上戴着工人的帽子，打扮成工人的模样。九月三日早晨四点左右，天蒙蒙亮，街道上的行人很少。张自忠走到大烟筒胡同到朝阳门的马路的旁边，他一身工人打扮，站在那里等待甘经理开车来接他。谁也不会想到，张自忠会伪装成工人逃离北平。

张自忠等了没有多久就有一辆汽车开来了，驾驶汽车的是甘经理，张自忠上车后坐在甘经理的旁边，看上去，就像是司机的助手。趁着天还没有亮，汽车开到了朝阳门。日军来到车前检查，张自忠镇定自若地坐在车内，日军仔细看了看，没发现什么问题，就让他们通过了关卡。

汽车终于开出了北平城，沿着通往通县的大道飞驰而去。当年，通县是平津间的交通要道，日军在各个城门口都派兵严查，要想通过这个城区，危险系数很高。聪明的美国商人驾驶着汽车向着公路南边的一个大门里面开去，他熟练的转动方向盘，从潞河中学开进去，再从教堂的大门开出来，轻松躲过了日军在进出城门的两道关卡。

之后的道路就是畅通的，汽车经过北仓，又过了引河桥，进入了意大利的租界地。根据原来的计划，到达意大利租界地后，美国商人就不再驾驶汽车了，换成了中国司机驾驶汽车。这位中国司机绝对可靠，是赵子青找的人，这位中国司机带着张自忠等人把车开到了英国租界，赵子青的家就在那里。

对于租界，中国人都憎恨它，那是一道留在中国人心上的伤疤，那是不平等条约下的产物。不过，在英国人的租界，日军是不敢随便搜查的，他们不敢闯进西方人的租界内。所以，很多中国人为了逃避日方的迫害和追杀，都会选择到租界躲藏。

当汽车开到赵家大门前的时候，赵子青听到汽车的声音，他兴奋起来说道："来了，来了。"大家走出来，把张自忠接到了屋内的客厅里坐下。张自忠进屋后，侧卧在沙发上，他的脸色很黄，看上去非常疲劳，脸上带着忧郁的神情。张自忠一句话都不说，屋内的空气顿时紧张起来，大家都没有开口说话。过了好久，张自忠对他的弟弟张自明说："你回家去吧，以后一切家里的事情，同你嫂子商量处理，不要问我了！"

赵子青对张自明说："有什么事情需要找你的时候，我会通知你的。"

张自明回到了家，见到嫂子李敏慧，把张自忠的情况悄悄地告诉了她。对于家里的其他人，他什么也没说，一点儿都不敢泄露。他时刻担心着张自忠的安全和他的未来，毕竟是逃离北平，他非常担心。

有一天，赵子青通知张自明，当天晚上张自忠要回家看看。那时候，张自忠的家里人都住在法租界六十六号，靠近张庄大桥，路上还有商店，来往的人很多很乱。为了张自忠的安全，回家的时间只能选择在夜晚。

晚上八九点钟，张自忠步行回到了家里，他进屋以后，进入了李

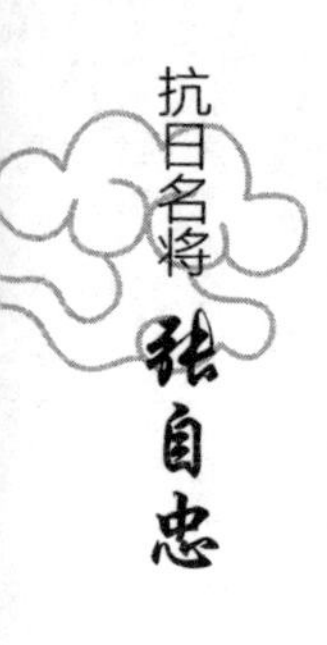

慧敏的房间。张自忠非常疼爱孩子们，以前回家的时候，他和孩子话虽不多，可都会抱抱孩子，并且亲亲他们的小脸蛋，非常开心。但是，这一天夜晚，他历经磨难，回到家里与家人团聚，气氛却不是快乐而是忧伤。

张自忠拿来笔墨信纸，他给远在北平的福开森先生写了一封信。那是一封感谢福开森先生的信，交给张自明，让他转给福开森先生。在家里坐了一会儿，叮嘱家人要勤俭生活，还说了一些教育儿女的话，就匆匆离开了家，去到了赵子青的家里。

九月九日，赵子青通知张自明，让他在当天夜晚到小白楼附近的小花园等自己。那天夜晚，张自明按时到达，赵子青已经等在那里。赵子青带着张自明走进了一个大院子，院内四周都是楼房，他们来到大院西北角的一个小门前，然后赵子青按了一下门铃，门铃响了一下便打开了。进门以后坐上了电梯，电梯乘务员是一位外国妇女。电梯到达四楼后停止了，他们进入了一个房间。

张自明进屋后就看见张自忠坐在屋内，还有其他很多人，张自明认出几个人，都是以前跟随张自忠工作的人。这个地方是英国租界工务局副局长居住的地方，电梯乘务员不是别人，正是这位副局长的夫人。这都是赵子青安排的。张自明在屋内坐了很长时间，张自忠只对张自明说，他要离开天津南下，没有谈到其他的事情。直到深夜，张自明跟张自忠告辞走出了房间，他并不知道，这是他最后一次看见哥哥，这就是最后的诀别！

十日拂晓，张自忠与他的部下来到了英国码头。在码头，他们乘坐英国人的小火轮，经过大连码头向大沽外开去。然后，再换乘英国商船“海口号”南下。

后来，张自忠来到了南京，被蒋介石软禁在南京。当年，张自忠在天津当市长时，给他当过秘书长的马彦翀得知他被软禁在南京的情况后，从西安乘坐飞机飞到南京见到了他，并且听他讲述了他的经历。马彦翀听后为张自忠打抱不平，针对他们当年在察哈尔省和天津的实际情况写了一个详细的报告，交给了当时的行政院长张群，请他转交给蒋介石。

蒋介石在灵园竹林中召见了马彦翀，马彦翀对蒋介石说：“张自忠在察哈尔省任主席，在天津任市长，我任秘书长。张自忠不时公出，就由我代理职务，不要说丧权辱国，若有什么贪赃枉法的事情，都请政府先办我。”

蒋介石说：“我已明白。已委你为行政院参议，就在此供职好了。”

马彦翀说：“现在我病还没有好，需要回家休养一个时期。”

从灵园回来后，马彦翀把和蒋介石交谈的原话都告诉了张自忠，张自忠说：“那就看看以后，蒋介石怎么处理我吧！”

这时候，日军靠近了镇江，十一月十日，马彦翀乘车返回了陕西，被蒋介石任命为五十九军军长，重新返回了部队。

一九三七年十一月，张自忠回到了原来的部队。官兵们都非常高兴，张自忠也很高兴。他在经历了磨难后，终于回到了属于他的战场，他发誓，要勇猛杀敌，即使在战场上流血牺牲，也要与日军血拼到底。

第十四章
张自忠以身殉国

张自忠回到了部队，带领军队驰骋在战场上。虽然很苦很累，但是，他的内心是坦荡的。他觉得作为军人，就该对得起国家，对得起人民，对得起自己的良心。

一九四〇年的五月上旬，盘踞在信阳等地的日军第三师团集结了很多兵力，部署了多门山炮。日军要发动春季攻势，他们兵分数路，向襄樊进攻，他们想采用快速的作战方法，目的是攻打老河口。因为第五战区长官司令部就在那里，这样就可以打乱第五战区的军队的部署。

驻军在荆门的张自忠得知这个消息后，为了保护第五战区长官司令部的安全，决定亲自率部队快速渡过襄河，从侧面攻击襄樊的日军。当时，张自忠能调动的军队只有五十九军三十八师一一二旅。后来，张自忠又借调了七十四师，七十四师在指定的地点渡过襄河时，张自忠已经提前一天率领总部的作战人员渡过襄河，在那里等待七十四师的到来。

五月十三日，张自忠率领军队在襄河东岸长山地区集结后，命令

总部及其警卫团作为前队首先出发，七十四师的主力队在后面跟随。不料，我军的行动被日军侦查得知。我方军队刚从襄河东岸北进到达新集西南附近地区的时候，遭到日军左翼部队的阻击。虽然我军前队警卫团占据了有利的地形与日军交战，可敌我兵力差距太大，警卫团处于劣势。但很快，七十四师主力也赶来了，一起向日军发起攻击。这场激战直到下午的五点钟，双方转成相持的局面。

当天夜晚，李宗仁给张自忠发来电报，劝他作为指挥官，不要亲临第一线，要他马上返回原地，统率各军。张自忠没有听从李宗仁的劝告。到了深夜十一点，发现大部分的日军已经撤离，向襄樊北区，留下少数的兵力作战。张自忠马上率领总部和警卫团甩掉小部分的日军，命令七十四师主力留下一小部分士兵牵制住小部分的日军，大部分的兵力跟随总部快速前进。

当天晚上七点，张自忠在独立小屋里与七十四师代师长马贯一和许文庆等军官讨论作战部署。屋内，张自忠的主要随从人员都到了，稻草铺在地上，大家就坐在稻草上。

张自忠风趣地问苏联顾问："请问，你对今天的作战有什么感想？"

苏联顾问回答说："今天战斗中，敌人的炮兵使用在步兵线上，可惜我们没有炮兵！"

张自忠说："请你向总顾问建议，要求给我们拨配炮兵！"

紧接着，张自忠对大家说："这两年来，日军总是在天长节前后发动一次攻势，以前我们不了解。如今我们掌握了情况，并且有了经验，以后对付日军，大家都要提前做好准备。目前敌人的先头部队已到达双沟，没有再向襄樊前进，有的没走原路向南回撤。我们也要回转头来紧追敌人狠打。”

最后，张自忠决定拿出一部分兵力用来监视少数的日军，其余的各部抓紧时间休息。在第二天深夜两点左右的时候，总部和警卫团先出发，南返后追击日军的主力。马贯一带师长率领七十四师主力把日军甩掉后，跟在总部队后面一起前进，追击向南撤退的日军。

五月十五日下午四点钟，总部队到达了南瓜店。张自忠下令在南瓜店以及附近地区宿营，警卫团在山冈下的一个小村庄安排警戒。七十四师主力也到达了南瓜店，在南瓜店南侧，七十四师接到张自忠的命令，占领了山冈阵地，向东对日军布防，然后休息。

后来，当时担任五十五军七十四师参谋主任的许文庆写了一篇文章，详细叙述了张自忠将军在十里长山督战的情况。他这样写道：“在南瓜店宿营的第二天（五月十六日）拂晓，东面敌军用山炮四门在山冈上向我阵地猛烈射击。此时，敌军已对我形成弧形包围，重点集中在南瓜店。炮击约一时许，敌步兵在炮火掩护下发起进攻。战斗越来越激烈，至九时许七十四师代师长所指挥的两个团长接连告急，要求补充弹药。此时各部弹药殆尽，代师长立即向张自忠打电话告急。张自忠令其参谋长李文田接电话，转告该代师长说：‘现在到了生死存亡之际，正是军人杀敌报国之时，子弹打完了，用刺刀杀，刺刀断了，拿拳头打，用牙齿咬。’随后张自忠又派其随从副官给马代师长送去一亲笔便笺，上面写着‘马贯一，你当兵就跟着我，我绝不会辜负你。现在到了国家民族生死存亡之际，正是我们军人杀敌报国之时。这次

对敌作战，你只管拼命打，打好了完全是你的功，打不好我全全负责’等话语。

到上午十一时许，保卫总部的警卫团阵地被敌突破。该团向后撤退，敌人紧跟，冲进总部宿营的南瓜店小村庄，连张自忠住的小院内也冲进了敌人。张自忠中弹负伤，苏联顾问也负伤，被抢救下来送至后方，战况突然恶化。张自忠及其随从人员由总部的数十名警卫官兵掩护，急速撤至南瓜店后面的一个小山冈上。张自忠坐在小山冈上，由医务人员给他包扎。他低头沉思，一言不发。这时他的随行顾问、多年老友徐维烈向他小声建议说：‘司令可以移动移动位置吧？’张自忠严肃地说：‘在这千钧一发时刻，说话要慎重！’其他随从人员就更无一人再敢建议。”

从许文庆的回忆中，读者可以看出，这次南瓜店之战，张自忠率领军队与日军打得非常惨烈，张自忠也身负重伤。后来，担任总部警卫的四四〇团被日军击败后，日军对我军是三面包围，包围圈在逐渐缩小。战斗越来越激烈，到了中午的时候，马贯一代师长的两个团也战败了，官兵开始向后撤退。师部的直属部队和非战斗人员也都加入了战斗，工兵营长赵立志牺牲了，受伤的官兵也得不到救护。

再后来，双方继续激战，师部直属部队也无法战胜日军。指挥人员被冲散，许文庆与马贯一代师长无法联络，无奈，只能撤退到后面的山上。几十名警卫掩护张自忠向身后的高山移动，日军把张自忠包围了起来。

在危急时刻，张自忠想要让几十名警卫冲出去，但警卫们都不愿意离开他。他们一边同日军做生死较量，一边对张自忠说：“司令快走，司令快走！”

警卫们的喊声引起了日军的注意，他们继续围攻过来，企图活捉张自忠。下午一点钟，张自忠在十几名警卫的掩护下，登上了高山的半腰，如果他们继续登山直至山顶，就可以安全脱险。就在这时候，张自忠忽然转身朝着山坡下走去，没有走几步，日军的子弹便射来，一代名将张自忠被罪恶的子弹击中，倒了下来，以身殉国！

张自忠牺牲的这个地方，名叫罐子口，没有人居住，离南瓜店大约有三四百米。剩下的十几名警卫官兵与日军一直战斗到最后的时刻，大部分都壮烈牺牲。只有一名随从副官当时只是受了伤，日军清扫战场的时候，也没有发现他。后来，他清醒后，当地的老百姓把他护送到了后方。当时，日军清扫战场发现了张自忠的遗体，因为他们尊重张自忠，就在附近村庄找了一口棺材收敛了他的遗体，并把他埋葬，给张自忠竖立了一块木牌，上面写着张自忠将军的名字。

当年，张自忠总部少将参军李致远，曾跟随张将军渡河。他在回忆文章里，记录了当时战争的状况和寻找张自忠遗体，并护送将军的遗体回重庆的经过。他这样写道：

“那时我看到东北山头以北，日本兵要攻上来了，我就命这个排长带队跟着我陆续下山，再过南山区追赶总部队。当我到第二个山头时，见到七十四师师长马贯一。我问他：‘见到总司令了吗？’他说：‘没有。’我叫他询问左右部队有没有见到总司令过来。这时在山头上只有一个团了，传回话来说都未见到。这山的南边山脚下有个小村庄，

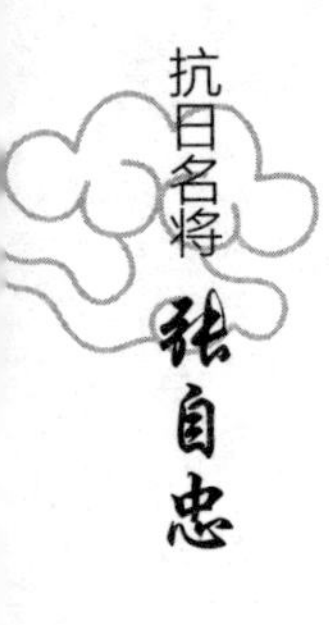

我和马师长商量先到这村再想办法。到村里已经天黑，又下起了小雨。我俩决定召集七十四师营长以上、总部队连长以上军官共同研究寻找总司令的办法。此时总部手枪营只剩下五十来人，我命一连长编成为一个连，当即决定派三十余人各带短枪，并令军需发给每人十元现洋带着，到罐子口以南地带去找总司令。我和马师长商议，认为此地不可久留，随即一同出村，当即找向导由东出山绕到日军后方，由平原转向襄樊过河，襄阳当时还在我军控制之下。这时雨下大了，在大雨中向导迷失了方向，带着我们向西山窝走去。我看到半山腰的麦垄，发觉方向错了，赶紧停下问向导，这才又掉回头来往东走。总部队在前面，来到山边再向前即是平原。因为日军行进方向是向南，因此就叫马师长向北走，结果他们也走错了，他的师走向东南去了。

出山后，我们考虑向那里去。当总部被围时，曾电令三十八师向总部靠拢，现在不知已到达何地。一八〇师在襄阳以东与日军对抗，也失去联系，这时总部队电台已损坏不能发报。我们拟在襄樊过河，试图向襄樊方向寻找一八〇师。”

李致远在这次寻找张自忠的过程中是最执着的。后来，他带着一名随从骑马来到三十八师，见到了师长黄维纲，他得到一个消息：三十八师的便衣队已经找到了副官马孝堂。在师部，李致远见到了受重伤的马孝堂。那时他头脑清醒，说话也很清楚，他把总司令以身殉国的事情告诉了他。后来，他在送去后方治病的时候，在车上，大脑受到震动，最终没能抢救过来，还是去世了。

李致远得知张自忠遗体有了下落后，马上决定派便衣队找到张自忠的遗体，抬回师部。便衣队五十多人，身上带着短枪出发了。两个小时以后，张自忠的遗体被便衣队抬回了师部。所有军官看到张自忠的遗体，都非常悲痛。

李致远和黄维纲师长商量好，暂时不汇报张自忠总司令殉国的事情，怕影响士兵杀敌的士气。一八〇师还在与日军作战，李致远找到七十四师师长马贯一和骑兵师师长张德顺，他们都来到三十八师师部，商量怎样安全地将总司令的遗体运过襄河。大家决定，当天晚上就出发，到流水沟过河，三十八师在前面开路，掩护左翼，七十四师在后面，骑兵师在右翼，在中央的是总部队人员和总司令的遗体。

夜晚出发后，路上我方与日军发生过枪战，天明亮的时候到达了河岸。过河以后，李致远随着运送总司令遗体的汽车来到快活铺三十三集团军总部。医疗队将张自忠的遗体小心地擦洗干净，并穿上军服佩戴上将领章，入了殓。入殓后，前方军队悼念张自忠将军三天。在众多官兵的保护下，张自忠的遗体到达了重庆。

第十五章

举国追悼张自忠

张自忠将军殉国的消息在全国传开后，群众自发地去为他送行，并焚香祭奠他的英魂。在重庆、延安，都为他举行了隆重的追悼活动。他勇猛抗击日军的事迹，成为正能量，永远激励着一代又一代的人。

一九四〇年八月十五日，延安各界追悼张自忠总司令大会部啱电的内容如下：

国民政府军事委员会转故第三十三集团军张总司令荩忱将军

家属礼鉴：

噩耗传来，惊悉张总司令于五月十六日在南瓜店前线英勇殉国，曷胜哀悼！抗战三年来，张总司令率部杀敌，素著功绩。淝水、临沂、随枣诸役，张总司令均亲临前线，指挥若定，给日军以严重打击，大大激励了国内人心。当此，抗战已到空前困难与危险之际，正赖全国将士更加奋发，渡过难关、克服危险，争取最后胜利，何期惊传噩耗，无任痛惜。延安各界除举行追悼大会以彰忠烈外，特电慰问，尚期节哀，继续完成张总司令遗志。

延安各界追悼张自忠司令大会部

一九四〇年八月十五日

一九四〇年的八月六日，延安《新中华报》发表社论，标题是《悼张自忠将军》，全文如下：

第三十三集团军总司令张自忠将军于此次豫鄂会战中，率师抵抗钟祥沿汉水北犯之敌，首予侧击，继以追歼，获得很大的战果。不幸于血战方酣之际，张将军竟于五月十六日在南瓜店附近壮烈战死疆场，为国光荣殉职！此一噩耗，于七七抗战三周年纪念日正式发表，并由蒋委员长亲撰其战绩，国府明令褒扬其忠勇，从优抚恤其家属。全国军民，莫不同声哀悼垂涕！（本报因道路遥远，交通不便，迟至今日才获得此项消息，故今始著文哀悼。）

英勇战死沙场，以身殉国，正是我国民族之光荣传统，古来即已有之，其浩气长存天壤，至今尤可为我全国抗战军人之模范者，实属不少。抗战以来，全国千万武装战士效命疆场，各级将官为国舍身奋战或英勇负伤者，亦何止千百人！单以八路军新四军而言，即有魏大光旅长等团旅级干部数十人殉国，林彪、贺龙二将军的光荣负伤；其他友军在抗战初起时即有二十九军副军长佟麟阁、师长赵登禹等将军殉职。以后，继续英勇及光荣牺牲者，亦颇不少，即以最近而论，便有二十九军军长陈安宝，第九师师长郑作民，一七三师师长钟毅等将军殉国。而张将军的牺牲，更是抗战以来战死前线的第一位大将。然而这一切殉国的抗战将士们，正都是真正的民族的英雄。他们为了国家民族与抗战的胜利，赴汤蹈火、奋不顾身，对国家民族尽其大忠大孝，最后把自己最宝贵的生命全部献给了民族解放事业。这些人及其抗战的功绩，在我国民族解放的历史上，一定要写下最光荣的一页。我们谨向张将军记一切为国英勇牺牲的抗战将士们致最沉痛的悼意!

张将军对抗战的功绩，正如蒋介石在其亲撰的电文中指出："追维荩忱（即张将军）生平与敌作战始于二十二年喜峰口之役，迄于今兹豫鄂之役，无役不身先士卒。当喜峰口之役，歼敌步兵两联队，骑兵一大队，是为荩忱与敌搏战之始。抗战以来，一战于淝水，再战于临沂，三战于徐州，四战于随枣，而临沂之役，荩忱率所部疾趋战地，一日夜达百八十里，与敌板垣师团称铁军者鏖战七昼，卒歼敌师……兹随枣之役，敌悉其全力三路来攻，荩忱在襄阳之方家集，独当正面，断其归路，毙敌无算，我军大捷。假荩忱不死，则此役收效当不止此。"由此可见，张将军抗战之功极大，今并以身殉国，将其最后一滴血献给了抗战，的确配称为炎黄的优秀子孙、模范的民族革命军人、流芳百世的民族英雄。"莫辱于偷生，莫荣于敢死"，而那些在抗战中，敌人未来自己先逃、畏缩不前、贪生怕死的腐朽落后分子及躲在后方专以制造摩擦为能事，破坏抗战团结，攻打自己的抗日友军的那些自称"英雄将军"的人，能不愧死乎！

在目前，抗战正处在空前危险与严重困难的局面下，正万分需要发扬张自忠将军抗战到底不畏牺牲的坚毅忠勇精神，作为全国人民的模范，以坚持抗战到鸭绿江边，反对妥协投降的阴谋，克服一切困难，争取最后胜利。

固然，张自忠将军之牺牲是抗战的重大损失。然而我们可以告慰张自忠将军的，便是全国人民——四万万五千万同胞一定要前仆后继，

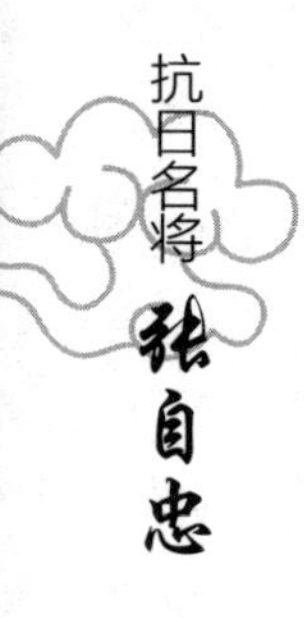

坚持抗战，发扬张自忠抗战到底，英勇牺牲的精神，踏着他的足迹前进，为他报仇。为一切为国家死难的战士同胞们报仇。

紧接着，三年后，也就是一九四三年五月十六日，《新华日报》上发表了周恩来的文章，标题是《追念张荩忱上将》。内容如下：

张荩忱上将于民国二十九年五月十六日在襄樊战役中殉国，至今整整三年。在这三年中，每当前线战况紧张，部队浴血奋战之际，便很容易想到抗战以来的殉国将士，而尤易怀念到举世景仰的张荩忱上将。去年六月，当我写文追悼左权将军时，也曾提到张上将。张上将是一方面的统帅，他的殉国，造成的影响之大，绝非他人可比。张上将的抗战，远起喜峰口，十年回溯，令人深佩他的卓识超群。迨主津政，忍辱待时，张上将殆又为人之所部能为。抗战既起，张上将奋起当先，所向无敌，而临沂一役，更成为台儿庄大捷之序幕；他的英勇坚毅，足为全国军人楷模。而感人最深的，乃是他的殉国一役。每读张上将于渡河前亲致前线将领及冯治安将军的两封遗书，深觉其忠义之志，壮烈之气，直可以为我国抗战军人之魂！

我们所进行的抗日战争，是一个伟大的民族战争，同时也是一个长期而艰苦的战争。在这个战争中，我们不仅仅是以枪炮子弹和敌人作战，而且是以中华民族的爱国儿女、以中华民族的军人之魂和敌人作战。在这里，人的因素有决定性意义的。张上将就是这种对于战争有决定意义的人。现在战争的胜利前途，业已确定。但是，只有打，只有苦打，只有拼命地打，才能胜利。尤其是在今天，日军到处向我进攻，不论在正面、在敌后，我们都需要打仗，需要打仗的人，尤其需要像张上将这样的将领，在蒋介石领导之下，为国奋斗。现在，张上将殉国虽已三年，但在他的精神感召之下，我们相信，全国军人定能踏着他的血迹，为中华民族打出一条胜利的康庄大道！

张上将之殉国，不仅是为抗战树立了楷模，同时，也是为了发挥我国民族至大至刚的气节和精神。中国历史上，多少伟人名将在抵御外族侵略时，杀身成仁，见危授命。张上将之殉国，便是发挥了这种民族气节的传统。这种生死不苟、大义凛然的民族气节，乃是抗日战争中所需要的宝贵精神。尤其是在抗战接近胜利而艰危过于往常之时，更需要这种精神。不动摇不妥协地来咬紧牙根，牺牲一切，以渡过中华民族解放之最后一段的艰苦行程。

而我们在这最后一段行程中，确如《大公报》所说，还要有伟大的爱和恨。爱我们抗日的同志，恨那般杀死我们抗日同志的敌人。爱我们抗日的张上将，恨那般杀死张上将的日本强盗。只有爱恨彻底、恩怨分明，我们才能不调和，不妥协，一直打到最后的胜利。

从这些社论、唁电可以看出，张自忠将军活在每个中国人的心中。群众自发组成的长长的送葬队伍，也说明了，张自忠将军在老百姓心目中的地位。一位将军能够受到老百姓的爱戴，那才是他真正的荣耀，而那些只靠着奖章、财富和地位炫耀的军官，都不是真正的荣耀。

张自忠将军的随从张宗衡在一篇名为《举国上下悼忠魂》的文章里写道："张将军一九四〇年五月十六日在湖北宜城南瓜点十里长山殉国后，忠骸为日军盛殓安葬。经黄维纲部觅得葬处，开棺将忠骸抬至荆门县襄河西岸快活铺，以上将礼服重殓后将灵柩运抵宜昌，然后转运重庆安葬。灵榇所经各县，均有军政人员和各界群众列队迎送，路祭哀悼。

运灵船到重庆，蒋介石带领军政官员到码头祭悼。随后将灵柩运至北碚双柏树暂厝。不久即安葬在北碚梅花山上。”

一九四〇年五月二十八日，张自忠将军的葬礼在重庆举行，全国各地都举行了张自忠将军的追悼会和公祭仪式，这些追悼会和公祭仪式的规模虽然有大有小，但人们悲痛的心情都是一致的。在延安举行的追悼大会上，朱德总司令来了，中共中央的领导以及各界人士都来参加张自忠的追悼会，都对张将军的殉国表示哀悼。

毛泽东主席赠词“尽忠报国”四个大字。

朱德总司令、彭德怀副总司令题词：“一战捷临沂，再战捷随枣，伟哉将军精神不死；打到鸭绿江，建设新中国，责在朝野团结图存。”

冯玉祥题写“荩忱不死”。

李宗仁题写“英风不泯”。

林森题写“天地正气”。

蒋中正题写“勋烈常昭”。

董必武同志为张自忠将军写了挽词：

“汉水东流逝不还，将军忠勇震瀛寰。

裹尸马革南瓜店，三载平芜血尚斑。

此为去年将军殉国三周年纪念而作。今岁中原战役，倭势仍张，国军竟莫能抗。感时抚事，辄令人想念将军于不置也。

男儿抗日死沙场，青史名垂姓字香。

中原倘有英灵护，争让倭奴乱逞狂。”

当年，张自忠将军殉国后，悼念他的文章达到上万篇。但是，在张将军随从张宗衡的眼里，最激励后人的文章首先是周恩来同志的《追念张荩忱上将》和冯玉祥先生所作的悼文，他在《举国上下悼忠魂》的文章中写道：“爱国将领冯玉祥先生是张自忠将军的老长官，他写了一篇很长的悼文，追述张自忠将军的身世，表彰他的赫赫战功和为国捐躯的高尚行为。冯先生参加朝天门迎灵，到北碚致祭。他还亲自为张自忠将军题写墓碑，并把安葬张自忠将军的小山命名为梅花山。从一九四〇年至一九四六年，每年五月十六日，冯玉祥先生一定要去梅花山墓地组织纪念活动。张自忠将军殉国后，湖北省宜城县曾一度更名为自忠县。湖北荆门县刘猴集建有张公祠。南瓜店有张自忠将军的衣冠冢。在南漳武镇北边松柏常青的伏虎山下，也有一座张公祠。一九五六年重修张自忠将军的衣冠墓，埋的是张自忠将军的血衣和血帽。中共中央近年拨出巨款，重新整修重庆北碚梅花山张自忠将军陵园。张自忠将军殉国处建有纪念塔一座，并修有直通宜城的公路，以便后人凭吊。”

更难忘记一九八二年四月十六日的这一天，张自忠将军被中华人民共和国国务院民政部追认为革命烈士，颁发了革命烈士证书。张自忠将军的后人感到心里很温暖，就像冬日里的阳光。对于像张宗衡这样的长年跟随张自忠将军的随从，他们的内心得到了慰藉，他们对党和人民政府表示了感谢。

第十六章
女儿眼中的父亲

在张廉云的眼里，父亲张自忠是一位好将军，更是一位好父亲，父亲殉国几十年，她每天都在思念父亲。当年，父亲牺牲的时候，她只有十七岁，还是一个没成年的孩子。当记者采访张廉云，谈到这段往事的时候，她对记者说：“我十七岁时父亲牺牲，十八岁时母亲因病去世，父母相继离去！这是我非常痛苦的一段记忆，有很多年我都不愿意回忆。”

她还对记者说，她的父亲张自忠活着的时候经常讲的一句话就是：“要凭良心，凭我的良心，求得良心的安慰。”张自忠将军生长在山东，山东是孔孟之乡。张廉云曾说：“父亲和其他的长辈，从小在我们面前说得最多的就是忠孝。”

张廉云生于1923年。在她出生之前，张自忠已经是两个儿子的父亲，她是张自忠唯一的一个女儿。当张自忠的母亲得知媳妇给她生了个孙女，老人很高兴，在张自忠的弟弟的陪同下，来到了北京。

那时张自忠非常忙，当他听到母亲到来的消息非常高兴。他刚刚走到院子里就大声喊：“娘。”然后，他和母亲坐下聊起了天，却时

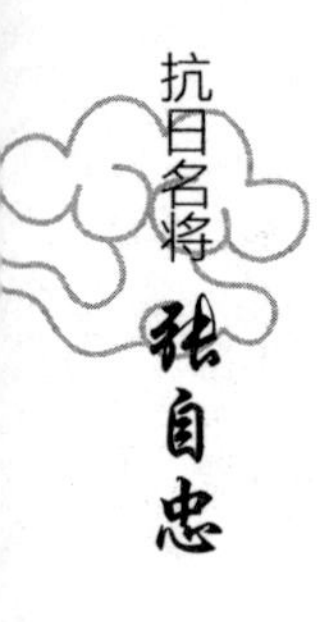

不时地悄悄看手表。张自忠的这个举动被他的母亲发现了，她看着儿子要忙军务，还要陪她聊天，觉得儿子真是太辛苦了。

但是没多久，张自忠的母亲就开始感觉到不太习惯了，因为她一直住在家乡，从没有离开家乡这么长的时间。张自忠回到家里，看见母亲不说话，非常着急。

张廉云谈到父亲忠孝的话题时，是这样说的："由于祖母之前没在外长住过，住了一段时间就觉得不习惯，有时父亲回来见祖母说话不多，就立刻去问我母亲是不是做得不好惹祖母生气了。不仅是我父亲、母亲、我的叔叔、婶母都很孝顺。除了孝之外，父亲一向很尊重几位兄长。每次回家都亲自登门看望大伯父、三伯父和四伯父，同他们亲热地叙叙家常。几位伯母都说：'五叔好，他同在家时一样，一点没变。'"当时张廉云还小，这些事是大一点后听家里人讲的。

张廉云在谈到张自忠对待乡亲们和亲戚的话题时，她说："父亲对待乡亲们也同先前在家时一样。有一年我堂哥结婚，我同父亲一起回临清老家，我们村里有个老乡王长法，七十多岁。有一天，父亲从家中出来，看见他正背着粪筐从粪坑里往上爬，因年龄大、爬着十分吃力。父亲见状，急忙跳到坑里把他架了上来。

我有一个嫁到外村的八姑，是我们本族的一个远亲，家境很艰难。我堂哥结婚时，八姑也来了，大家都不把她当回事，父亲却热情地把她让到上座。不管亲疏、远近、贫富，父亲都亲切地打招呼。家里有困难的，都会给钱接济。"

张自忠时常对儿女们说："贫贱之交不可忘。"

这句话，张廉云和哥哥们都牢记在心。张自忠用自己的行动来教子女该怎样为人处事。

当记者与张廉云谈起张自忠将军的家庭教育问题时，她说道："我们家也是一个很传统的中国家庭，我有两个哥哥，父亲对哥哥们说话都很严肃，常常教育他们不要做'家里蹲''衣架子'。但对我，还有堂姐廉渝却很慈爱。堂姐是个爱说爱笑的人，父亲很喜欢她，在家里就叫她'二妮'。有时堂姐顽皮，父亲就点着她的头说：'你个傻二妮'。"

在张廉云的眼里，张自忠是个懂孝道，忠于祖国，对子女不娇生惯养，和睦家庭的人。本来这是一个充满爱、充满欢乐的家庭，而日军的入侵，使这个家庭变得不完整。每次想到父亲殉国，母亲患病去世，张廉云的眼里就会有泪水流出，内心就会很痛苦。

一九八五年八月十八日，张廉云在《人民日报》发表了一篇缅怀父亲张自忠的文章，标题是《忠义之志，壮烈之气》，文章分为四个小节，文章是这样写的：

"电视连续剧《四世同堂》最后一集，在日本投降的消息传到小羊圈胡同街坊中，证明这一历史时刻结束了。我关上电视机，小彩舞悲壮的歌声仍萦回在耳际，四十年前自己惊闻抗战胜利消息的情景，也一起涌进脑海里。那一天，我从重庆乘车前往成都，半路停在小茶馆里休息，听到老乡争相传告日本投降了。这消息对我来说，太突然。继续坐车前行，我两眼呆呆地望着窗外。在复杂的思绪中，突然闪现陆游《示儿》诗的两句'王师北定中原日，家祭无忘告乃翁。'想到这里，

我默默地流泪，内心却放声向九泉之下的父亲高呼：‘爸爸，抗战胜利了，你知道吗？敌人终于投降了，你知道吗？’

我父亲张自忠（字荩忱）是一九四〇年五月十六日在湖北宜城县襄河（汉水）前线指挥作战时牺牲的。当年，武汉早已沦陷，他担任第五战区第三十三集团军总司令，奉命守卫汉水一线。一九四〇年四月，敌人集结重兵，在汉水东岸发起攻势，河东形势告急。他为了截击北进的敌军，亲率一支纵队与五月初从宜城县窑湾东渡汉水，追击北上之敌，连连告捷，将日军截为两段。不料，日军增援部队赶到。此时，我父亲接战区司令长官命令，率部掉头向南截击，日军依仗飞机大炮的优势反扑过来，我军陷入重围。父亲率部在十里长山奋力冲杀，身先士卒，连中七弹，壮烈牺牲。临终时他向随从说：‘对国家、对民族，良心都平安，大家要杀敌报仇！’

‘对得起良心’，在我们家乡山东临清是表明心迹、分量很重的常用语。父亲留下的书信、手令中时有‘良心’二字。美国作家史沫特莱曾到湖北前线访问，在《中国战歌》一书中用‘有良心的将军’形容他，并写道：‘人们都说他视死如归，以求良心得到安慰。’抗战胜利了，我相信为国捐躯的父亲在九泉之下应该真正得到良心的安慰了。”

缅怀文章的第二小节，张廉云回忆了父亲当年的一些往事。当年，抗战爆发的时候，张廉云只有十四岁，她还是个不大懂事的女孩，她在母亲的教导下，已经知道了父亲是一位勇敢又忠孝的爱国军人。七七事变后，张自忠担任天津市长，开始与日本人周旋。那时候，张自忠开始了从政生涯。张廉云没想到，父亲会背上汉奸的帽子。之后他被很多的国人痛斥，但最终，他还是历尽千辛万苦重返部队。张廉云在谈到父亲的这段经历的时候，她写道：“抗战爆发时，我才十四岁，还不大懂事，只从家人的教诲中知道父亲是正直勇敢的爱国军人。七七事变前，他担任天津市长。之后，抗战还是妥协，国内的斗争十分激烈。华北、平津一带的局势因而非常复杂而又特殊。第二十九军军长兼冀察政务委员会委员长宋哲元，奉命于七月二十八日率部撤离北平去保定。临行前，下手令命我父亲留北平代理他的职务，嘱我父亲暂时与日本人周旋，以利大部队撤离。日军随即进入北平。当时，我随母亲李慧敏仍在天津，天天提心吊胆，生怕他出事。但是，全家人心里很清楚，我的父亲是绝不会干对不起国家和民族的事。九月初的一天夜晚，父亲着便服回家。往常他从外地回来，总是有说有笑，孩子们更加欢乐。那天他面色严肃，家人知道他处境严峻，都不敢吭声。原来，日军进驻北平城后不久，他便称病隐蔽到东交民巷的德国医院里，随后又躲到美国友人的家中，之后，便化装成汽车司机的助手乘美国友人的汽车逃到天津的外国租界，回到了家中。然后他乘船去烟台，转往南京。那天晚上，父亲沉稳地安排完家事，便悄然离去。为了避免邻人的注意，家人都不敢送出门。我怀着留恋而又怅惘的心情望着他魁梧的身影消失在夜幕里。谁知无言一别，竟成永诀！”

在张廉云的心里，最让她感到难过的是父亲张自忠被误解为汉奸。父亲背负着汉奸的骂名，依然勇敢地奔向杀敌的前方。她时时刻刻都在想念父亲，在她写的缅怀父亲的文章里，谈到父亲被戴上汉奸帽子

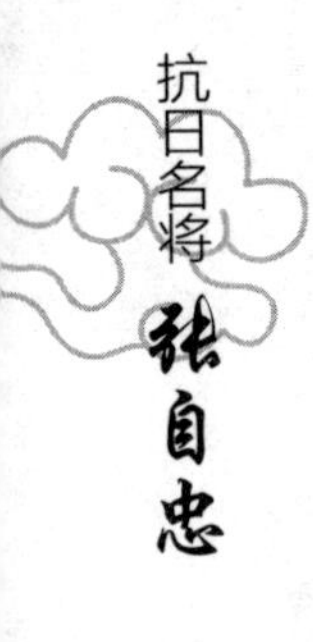

的时候，她写道：“那时，社会上一些不明底里的人，对他留在沦陷的北平曾有种种非议，误解他与日本人合作。为了抗战事业的大局，父亲忍辱负重。直到一九三七年底，他到南京被任命为第五十九军军长，重返原部走向抗战前线，各种非议才渐平息。”

我在查找资料的时候，无意中在网上看到了一篇博文，竟然发现有人还在讨论关于张自忠当年的所谓的“汉奸”问题，这确实是令人哭笑不得。过去了这么多年，当年的那段历史已经大白于天下，为什么有人还要重提这件事情？这不得不引人思考其中深藏的原因。

在随后的几年，张自忠领兵抗战，打了几场胜仗。人们不再提起往事，记住的都是杀敌的将军张自忠。从临沂之战到徐州之战，再到随枣之战和鄂北之战，张自忠带领士兵们越战越勇，他战斗的时候一直都冲在最前面，军队撤退的时候，他都走在后面。他手下的官兵都称赞他是一位好将军。

对于张自忠经历过的几次战争，张廉云曾写道：“喜峰口之役，是东北三省沦陷之后全国人民要求抗日呼声日益高涨时期打的一次胜仗。一九三三年三月，长城要塞喜峰口失守，坐镇北平的张学良将军命令第二十九军收复喜峰口，阻止敌军前进。我父亲被委任为喜峰口前线总指挥，率部迎战进犯之敌，在喜峰口寨与近万名敌军遭遇，鏖战数日，双方在山地上对峙不下。此时，我军出敌不意，派遣两支茎秆部队，由当地樵民、猎手带路，绕山间小道从侧面夜袭敌后路。敌人从梦中惊起，措手不及，被我军用大刀砍死者甚众。此役，挫伤了敌人侵犯关内之锐气。二十九军大刀队的威力由此名震四方。”

在女儿的眼里，父亲的大刀队是最威猛的，父亲就是她心中的英雄，也是全国人民心中的英雄。虽然，她不能跟随父亲去战场上杀敌报国，可父亲的那些传奇故事，在她的心中却是沉甸甸的。她为拥有这样的一位抗日英雄的父亲而感到骄傲和自豪。

在抗日战争胜利四十周年，张自忠将军牺牲四十五周年的日子，张廉云跟随宜城各界代表，沿着当年张自忠渡河作战的路线，从窑湾渡口过汉水。当她看到山顶上矗立着“张上将自忠殉国处”的纪念碑的时候，她的心情是沉重的，她想起在一九四四年的初春，她独自一个人去凭吊父亲，那时候，日本还未投降，父亲的仇也未报，她的心里都是凄苦。

抗战胜利后，尤其是在抗战胜利四十周年的时候，她跟随数百名干部、群众一起来悼念父亲，她的内心不再有凄苦与悲凉，而是感动。因为她看到了山顶上建于一九四一年的纪念碑，一直都保存得那么好，没有一点儿损坏，纪念碑台基也扩建了，在纪念碑的四周围种上了绿树，还修建了一条盘山公路，那条公路有四华里。

站在纪念碑前，张廉云觉得父亲的鲜血没有白流。看看美丽的河山，看看过着和平生活的人们，再看看孩子和老人脸上灿烂的笑容，那一刻的牺牲是值得的。

第十七章

中外记者眼中的张自忠

张自忠从军多年，在很多中外记者的眼中，他是一位能够与士兵打成一片的将军，更是一位知人善任并且有才华有良心的将军。

一九三九年，重庆《新华日报》的陆记者来到第五战区采访，他当时的身份是战地记者。那年七月底，他来到了宜城。此时，宜城上空飞来十八架日军的飞机，扔下无数的炸弹，这个宁静的小城市就在轰炸中变成一堆瓦砾。汪精卫劝说国人向日军投降的传单到处飞舞，没有人愿意看这些丧权辱国的传单。

一九八四年，陆记者写了长篇回忆录《战地萍踪》，在这篇文章里，他回忆了当年采访张自忠时的点点滴滴。他写道："七月底，我来到宜城，遇到十八架敌机狂炸这个小城市，在投下一百多颗炸弹的同时，还散发汪精卫主张屈辱投降的传单。汪精卫的宣传单与日本军国主义者的炸弹同时飞下，这在当时战地上还是前所未有的景象。传单上刊载汪精卫的照片和他的一篇演说词，题为《中日问题观》。大意是说中国革命之成功，需待日本谅解与提携。对这种媚敌卖国的论调，前线军民深表愤慨。"

此时，张自忠是第三十三集团军的总司令，他率领的部队在经历过随枣会战后，就在宜城附近练兵。陆记者便来到总司令部采访张自忠将军。张自忠见到从重庆来的战地记者特别高兴，他那双有力的大手紧紧握住陆记者的手，说道："去年徐州突围后在豫东分别，已有一年。这次你不远千里而来，就得多住几天。我们是老朋友了，应该多谈谈。我对新闻界朋友还有意见要提哩！"

陆记者听到张自忠要给新闻界的朋友提意见，脸上露出兴奋的表情，急忙说："当我从重庆出发的时候，周恩来同志曾一再嘱咐我，要向前线抗日名将约稿并征求对我们报纸的意见。张总司令肯对我们提意见，那真是求之不得。"

张自忠对陆记者说："我喜欢鼓舞前线士气的报纸和刊物，作用是非常大的。前线部队对文化食粮的需要，其迫切程度不下于弹药和给养。最近敌机在前方散发汪精卫的传单，敌人对我们加强政治攻势，但我们对前方供应文化食粮的工作反而不及从前。记得临沂大战时，我们还能看到汉口各报，包括《新华日报》在内，当时官兵们都很振奋，官兵们看到报纸，了解了抗战形势，心中便明亮起来，就认为我们的鲜血绝不是白流的。此刻我们关心国内外形势，特别担心国内团结问题，但是长期看不到后方的报纸和刊物，这是一定要解决的问题。"

陆记者认真地说："这是个大问题，我们一定在报上大声疾呼，让各方都重视起来，以求能够很好地解决这个问题。"

这时候，陆记者想起他这次来宜城采访时还随身携带了少数报刊。他对张自忠说："这次来见将军，我还带来了少数的报刊，我把报刊捐献给部队，给大家阅读。”

张自忠将军高兴起来：“好啊，真是太好了。”

陆记者就在总部住了下来。他每天都能看到张自忠在全神贯注地训练部队的下级干部。他视察下级干部上操，与下级干部谈话，他看着张自忠忙碌的身影，从心底佩服这位出身清朝官员家庭的将军，在他的身上，看不到一点儿的骄横、霸道和娇气。他看到的是正直、善良、勇敢、勤劳。

有一天，陆记者看到张自忠正在向几位养好伤已经归队的官兵训话。他仔细看了看，感觉与其他军队伤病规定的方式不同。只见张自忠先点名，然后挨个询问归队的伤病。陆记者发现，站在部队前几排的官兵的胸前都有子弹，张自忠将军伸出手，轻轻抚摸着官兵们的伤痕，亲切慰问他们，安抚他们受伤的身体和心灵。

伤好归队的官兵们站在张自忠的面前，一个个用洪亮的声音回答：“报告总司令！我的伤在右肩膀，是敌人的机枪子弹从前面打进去的。现在子弹取出来了，伤口却没有恢复。有一天，我听班长说有便车要回前方，我就急急忙忙搭上便车归队了。我是这么想的，回前方也没事，最多休息三五天身体就好了。我是不肯待在医院里，我要参加战斗当英雄，不想当躲在医院的狗熊。”

“报告总司令！我的前胸受过伤，这是我在冲锋的时候被一个日本兵端着刺刀刺伤的。现在的伤口已经痊愈了，我要回前方杀敌报国。”

有几位官兵是被子弹是从后背射进去的。他们向总司令汇报的时候，每个人的头都低垂着。

张自忠将军不是用一般的语气讲话，而是采用了向官兵提出问题，然后他再回答问题的方式。张自忠将军为啥要用问答的方式来讲话呢？是为了激励官兵们的士气。军队作战，不管在哪个朝代、哪个国家，士气都是最重要的，士兵有了士气就能打胜仗，如果士兵没有了士气，那最终只能是打败仗。多年的从军经历使张自忠很明白如何带兵才能让部队有士气，打胜仗。

张自忠问："你们是用几只脚走路啊？"

官兵们回答："当然是用两只脚走路。"

张自忠继续问："我再问你们，牛马用几只脚走路啊？"

官兵们回答："那还用问吗？从小到大，我们看到的牛马都是用四只脚走路的。"

这时候，有的官兵笑了，气氛变得活跃起来。

张自忠又问道："做亡国奴的生活就像牛马一样吗？"

官兵们齐声回答："我们都知道。"

张自忠大声地问；"是谁想让我们亡国，想要灭掉我们中华民族？"

官兵们回答："是日本军国主义者。"

张自忠接着问："你们能不能用四只脚走路？"

官兵们回答："那怎么能够呢！"

张自忠问："不管你们能不能，日本军国主义者就是要我们做他们的奴隶，还要我们子子孙孙都要像牛马那样走路，你们愿意吗？"

官兵们回答："不行。"

张自忠问："不行，要怎么样？"

官兵们回答："同日本兵拼杀在战场，痛痛快快地干它一场！"

张自忠问："只靠我们军队去拼杀，你们觉得行不行？"

一问这个问题，官兵们就有了不同的答复。有人回答行，有人回答不行。

张自忠没有给出肯定的答案，他继续问官兵们："究竟应该怎么干才好？"

官兵们明白过来，他们齐声回答："必须联合老百姓，军民一起打日军。"

张自忠将听完官兵们的话，微笑着点了点头，说道："这就对了。"

张自忠在接见归队的伤病的训话快要结束的时候，对大家说："你们回到部队以后，要勤于操练，提高杀敌本领。平时要守纪律，保持荣誉感；战时要勇敢、沉着，能攻善守，报效祖国。"

之后，陆记者在总司令部待了三天，他还和当时担任三十三集团军参谋长的张克侠将军有过交谈。在回忆录里，陆记者写过这样的话："我在第三十三集团军总司令部住了三天，经常和参谋长张克侠将军接触。他刚毅、诚实，分析战局非常清晰，对我工作很有帮助。有一次共进午餐时，张自忠将军还为我介绍一位总部参政张执一同志。巧的是他是我在上海文化界救国会时认识的老朋友，在此重逢格外亲热。他告诉我，他正在鄂北一带发动抗日游击战争，已与张自忠将军所部有了密切联系。"

八月初，陆记者采访完张自忠将军，离开宜城，经过襄阳、樊城，最后回到了老河口。随枣战争爆发，日军的这次进攻被张自忠打败，

日军回原防。日军进攻随枣地区的目的，是想要转移我军的视线，最终日军还是败了。

重庆《新华日报》的另一位名叫牛信的记者写了一篇文章，标题是《张自忠活在兵士的心坎里》，发表在一九四四年五月十六日的《新华日报》上。文章的开头这样写道：“两年前的春天，青黄不接的灾荒流行于鄂北战地的时候，在襄河西岸的荆门当阳前线有一部分军队，因为后方的给养没有运到，而且不愿意‘征借’人民的‘苞谷糊’以‘自肥’，他们断炊整整三天，什么都没吃！”

这是当年记者记录下的真实的事情。那年，百姓们都从心底感激张自忠将军领导的好士兵，老百姓发出感叹：“你们真是太苦啦！”

士兵们回答：“先总司令教我们这样的做的，挨饿不算什么，抢夺老百姓的东西吃，我们不能干！”

士兵们嘴里提到的先总司令，就是张自忠将军。

那时候，张自忠将军已经牺牲了。但是记者发现，每当他与士兵们谈起张自忠将军的时候，他能深刻地体会到将军仍然活在士兵们的心中。每位士兵都知道张自忠的事迹，牛信记者在文章里写道：“在兵士们中间，张自忠的事迹是说也说不完。我接触的兵士，可以说几乎全有他自己的关于张自忠的故事。最有趣味的是，讲故事的人往往会根据故事的情节，来对照目前发生的事情，然后非常朴实诚恳地说出自己的意见。”

有位士兵对记者说：“在军队里，很多当官的都克扣军饷，不给棉衣穿，让士兵饿肚子打仗。当年，我们在先总司令手下当兵的时候，谁敢不给我们补充枪炮子弹？谁敢在天冷了不发棉军装？谁敢在打摆子时不发疟疾丸？都不敢。到了发军饷的时候，谁也不敢克扣军饷。”

有一天，牛信去军队采访，迫击炮手对牛信说起张自忠将军的事情，边回忆边说：“有一次打仗的时候，天空忽然下起了大雨，战壕里都是水。先总司令走过来命令我们攻击敌人，班长反应有点慢，他有点生气。但是，他不打也不骂，他抱起迫击炮筒冲了上去，嘴里说：‘看吧，看我打！’先总司令给大家做了榜样，跟着他一起冲了上去！当时我就想，很少有像他这样的总司令吧。”

迫击炮手的话刚落，一位看似炮兵的士兵对牛记者说：“我还经历过一次。当时是五月，我们所在的炮兵阵地被敌人发现了，日本军的大炮凶猛，他们不停地发起进攻。后来，日军离我们的阵地越来越近，我们能非常清楚地看到搬运炮弹的日军。我们的弟兄都开始慌张了！这时候，日军的炮弹发射过来，在阵地上爆炸着，先总司令竟然脱下了衣服，他边捉衣服上的虱子边对我们说：‘别慌，瞄准，射击！’人家真不愧是总司令，然后敌人果然被打退啦！”

谈兴正浓的时候，牛记者身边又走来一位士兵，他说：“当年，我在襄河东岸，那次是打了败仗，弟兄们又饿又累，团长也不知道去哪里了，日军朝着我们冲过来，大家都愣住了，不知道该怎么应对。就在危急时刻，村子里有三个人骑马飞快地跑来，原来是先总司令和两位勤务兵，我们当时都没想到他会亲自来啊。我们见到他就立刻打起了精神，和日军打起来。像这样好的总司令，再也不会有啊！”

当年，在军队和百姓当中还流传着一个张自忠爱民的故事：有一天，老百姓在荆门附近割麦子。这时候，一位副官大摇大摆地走过来，对百姓们说："总司令马上要来这里巡视了，你们赶快把路修好。"老百姓们急忙开始修路，但是，他们每个人的脸上都带着不悦的表情。张自忠走过来，当他看到老百姓不高兴的样子，就问道："谁叫你们修路的？"副官急忙回答道："我吩咐的，要给总司令把汽车路修好。"张自忠生气了，他骂道："混账。"接着，张自忠照着副官的脸上打了一个耳光，然后严肃地说道："我来到这里，是要打日本军，不是来这里坐汽车的，我们的目的是救人民，不是来这里麻烦人民！"

百姓们都说张自忠是位好将军，这样的将军谁会反对他呢。在张自忠将军去世三周年的祭奠仪式上，和张自忠将军同时殉国的洪进田团长的儿子边哭边说："日本军队把先总司令杀死了，我的父亲也被杀死了。哭是没用的，我们要替先总司令报仇！我们恨那些丧心病狂发国难财的人。"

站在台下的士兵们都流下了眼泪。在军队采访的记者牛信目睹了这个情景，他在回忆录中感慨地写道："人死了，当然不能复活。但是，一位牺牲的将军要能活在兵士心坎上，这才是千古不灭的光荣。"当中原大战正在猛烈进行的时候，想起了荆门西北刘猴集三十八师建的自忠祠内李久思师长所写的两句诗："瞻望南瓜店前路，抗战史上第一人！"这句话，让很多后人感动。

美国革命女作家史沫特莱曾经称赞张自忠将军是一个有良心的将军。她用精练的语言，描写出了一位忍辱负重，誓死抗敌的爱国将军的高大的形象。她这样写道："每当打开日记本，翻看一页页薄纸上的笔记时，这一阵儿见过的人中间，总有那么两三个人形象比较突出地在我眼前浮现。第一个是传奇式人物张自忠，他在良知的驱使下，跃马横戈，驰骋在中国的各个战场。另一个是他的参谋长张克侠清晰而纯朴的轮廓，他比张将军年轻，是个性格开朗，不尚空谈，着眼于未来的人。”

一九四〇年一月九日，史沫特莱来到了华中大洪山区的一个小镇，这个小镇的名字叫张家集，她是来采访张自忠将军的。当时，张自忠将军的司令部就在这里，当年，发起冬季攻势的中国军队的右翼就是由张自忠将军负责指挥的。

在村舍里，史沫特莱见到了张自忠将军。他没有戴军帽，身上穿着蓝色棉布军装，身材高大魁梧。史沫特莱在回忆录中这样写道：“我们一行几人走近村舍，看见一个不戴军帽，体格魁梧，身材高大的人，穿着普通士兵的蓝色棉布军装，手里拿着一本对折的平装书，好像是在看。这就是张自忠将军。”

张自忠将军和史沫特莱在桌前面对面坐下来，张自忠向史沫特莱谈起他正在指挥的华中前线的一些情况。从敞开的大门不断传来炮声和飞机的声音，此时，面对这位曾经被国人骂为“汉奸”的将军，史沫特莱的心情是复杂的。她把自己复杂的情绪也写到了书中：“我坐在那里，不禁想起一位军官，他曾不断要我相信，眼前这位张将军是一位爱国者，一位勇敢的人，一位学者——听起来使我感到他几乎是在为张将军辩解。这时我才记起张将军曾一度被人称为‘汉奸’。张自忠是很不容易的，他的人生道路并非一帆风顺。他一生度过了四十六个动乱的年月。”

当年，史沫特莱在张自忠的司令部里看到的情景是：到处堆放着书籍，那些书籍都是论述军事和政治的。空闲的时候，张自忠就与他年轻军官和参谋长坐在一起讨论读书心得，他喜欢发表一下自己在读书方面的见解。在史沫特莱到达司令部之前，有两天两夜的时间，张自忠都是在战场上度过的，他要视察防务；作为一位优秀的指挥员，要保持冷静的头脑，更要在复杂的战况中做出决策，必须在大战前做好充分的思想准备。

史沫特莱能看得出来，此时的张自忠非常压抑和愤慨，他把这些东西小心地藏起来，以沉默的方式去面对。张自忠与史沫特莱谈论最多的是关于军事方面的话题以及前线的战况，对于其他方面的话题，张自忠从不提及。史沫特莱在书中曾写道："有时，他的内心世界也会有所流露，但通常都是小心翼翼，保持缄默。他告诉我们，猛烈的炮击是从南边两个山头打过来的，日本人在山上架了六门野战炮。是因为敌人发现了我们派去摧毁他们后方运输线的一个骑兵纵队。但是这个纵队已返回驻地，并报告任务已经完成。张将军指出，敌人为了打击这个纵队，消耗了几百发炮弹，但只命中六十人。看来，日本人的射击技术是越来越差了。"

当时，中国的部队在前线作战，弹药供应不足，主要问题是：运输弹药的工具总是依靠骡子和人力，骡子和人毕竟比不上汽车运输的速度。由于部队对日军作战缺少弹药，在三个星期的时间，三十三集团军牺牲和受伤的人数共计四千人。受伤的士兵很多，用非常缓慢的速度向后方挪动，由于日军在道路上设置了很多封锁线，伤员们只能等到夜晚时，偷偷地穿越。

尽管有四千士兵牺牲和受伤，但是，张自忠对外还是强调部队士气很高，战士们为能参加这次冬季攻势感到自豪，我们要打垮敌人在汉口四周的外围防御，夺回他们重兵设防的城市——钟祥。

当时，谁也无法预测张自忠领导的军队这次能否取得最终的胜利。那时候战争残酷，与中国军队相比，日军提前好几个月就进入了阵地，他们修建了坚固的防御工事。日军运送给养和增援的军队，都是用飞机和卡车。这样，日军就能用最快的速度，用最先进的运输工具，把军队从一个阵地转运到另一个阵地。与日军相比，中国军队仅靠骡子和人来运送给养，显然在速度上是慢了很多。战争的胜负，有时候比的不仅是装备，而且也是速度。

史沫特莱得知，日军中有一个伪满洲国军队，占了日军本土军队的十分之一，这些伪满洲国军队的士兵，都被国人称为汉奸。史沫特莱有些好奇了，她知道：日军并不信任伪军，他们宁可把伪满军队的士兵留下驻防，也不愿意把他们派到前线打仗。

史沫特莱百思不得其解，于是，她问张自忠："请问张将军，中国又这么多伪军的主要原因是什么？"

张自忠开口回答道："无知。"他刚把话说完就挺直了身子，脸上是严肃的表情，眼睛死死地盯着史沫特莱。

史沫特莱努力控制自己的情绪，她没有说话，此时的她明白了一些什么。但是，她对张自忠将军充满了尊敬，不会有任何伤害他的心思。

有一天，史沫特莱带着秘书去张家集赶集，在回来的路上遇到了

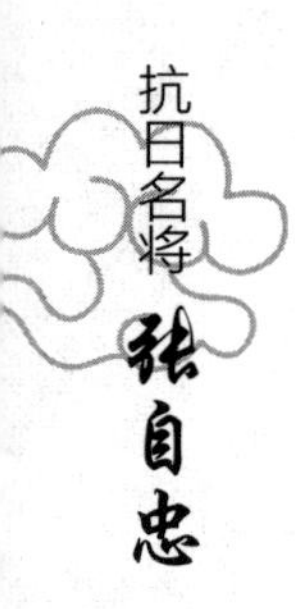

一位连长和他的士兵们。连长对他们说，头一天的晚上，他带着连队去袭击日军。当他们爬上一个山坡的时候，听到头顶上传来一个声音："老乡，不要向前走了！我们接到了使用毒气的命令！"

连长大声怒骂道："你们这些汉奸！"

当连长包围了山头，想要从后面攻击敌人的阵地的时候，他却猛然发现，他们的连队被伪军包围了，大概有一个营的兵力。伪军营长劝说他们撤退，并且还说，撤退了就把枪还给他们，保证朝天放枪。连长大声怒骂他们是汉奸。伪军营长哭笑不得地对连长说："他们都是被强迫拉来当兵的，日军对他们的家里人都做了登记，万一他们不当伪军士兵，日军就要杀害他们的家里人。"

连长对那位营长说道："大家都是中国人，都是无家可归的人，你规劝这些伪军官兵都去投奔张自忠将军，跟着他消灭日军。"伪军士兵们听到这些话，开始慌乱起来。连长感觉到，这些伪军士兵想要逃跑，但因为有营长在他们身边，所以不敢逃跑。

连长带着士兵离开前，伪军营长悄声说："不要再朝那边走了，那里的机枪手都是日本人，机枪火力很凶猛的。"

当史沫特莱回到张自忠司令部驻地的时候，来了两位客人。一位是朝鲜人，另一位是游击队长。两人客人向史沫特莱详细说了一下关于汉口以北的敌占区的具体情况。史沫特莱对他们说："为什么不让我到那里去亲自调查？"他们回答："因为那里是危险的地方。"

第二天天刚亮，游击队就要出发了，他们要穿过日军在大洪山区设置的防线。史沫特莱写了申请到游击区去的便条，她的秘书拿这便条找到张自忠将军。过了一会秘书回来告诉史沫特莱，张自忠正在与重庆来的军官谈话，内容是关于新四军“暴风游击队”是否合法的问题，军官认为暴风游击队是非法的，他们没有权利待在这个地区。

张自忠听到军官的话反问道：“非法？什么是合法？什么是非法呢？暴风游击队在我们后方消灭了许多伪军；他们组织人民参加抗日协会；他们把日本俘虏送交我们。这难道是非法？如果是，那么什么是合法呢？”

张自忠拿起笔，在史沫特莱申请去游击区的便条上签字批准，他继续说：“你所说的非法，是因为游击队的指挥官是共产党党员，他们就成了非法的了。我不管这些，只要这个人是打日本的，那就不管他持什么样的政治主张！”

张自忠说的话是客观公正的。不过，他的随从对游击队有偏见，他听说史沫特莱要去游击区，眼含热泪地对她说：“千万不要去那里啊，去了就会被游击队打死。”

史沫特莱很无奈地说：“那你就留着眼泪给我送葬吧。”

到了第二天的早晨，史沫特莱就跟着游击队出发了。

过了近三个月的时间，史沫特莱从游击区采访回来了。她又见到了张自忠，并向张自忠汇报了华中的危险局势，她对张自忠说：“王将军曾告诉我，他已经接到作战部的战斗任务，就是要消灭暴风游击队。”

张自忠将军听到这些话，用警惕的目光看了看史沫特莱，问道：“你能肯定这话是从他的嘴里说出来的吗？”

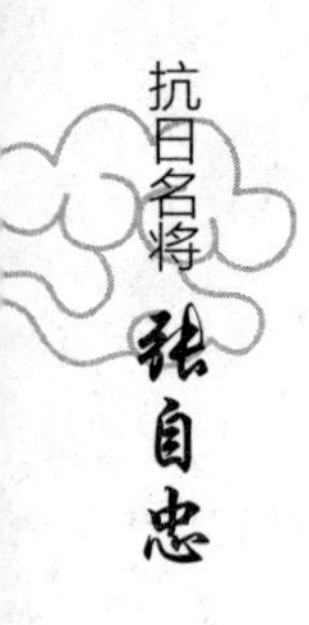

史沫特莱肯定的回答："我绝对保证这句话的真实性，他对我不止一次的讲过这样的话。我还和他争论过，我说：'万一发生内战，只能对日本人有好处，对谁都没有好处。'"

张自忠静静地坐在那里，没有说一句话，当时，已经有人对史沫特莱说过，张自忠接到了要他消灭游击队的命令。但是，张自忠不同意这样的做法，他一直在找各种借口，不执行命令。

这是他们最后一次相见，史沫特莱没有想到，这竟然成为诀别。后来，她在书中写道："这是我最后一次见到张自忠将军。我已经病了，张将军让军用卡车把我送到长江上游宜昌一家外国人办的医院。一九四〇年六月初，我在重庆住院时，张自忠将军手下一名受了伤的参谋来看望我，向我述说了以下情节：是年五月十五日正值日军春季攻势猖獗之际，张自忠将军再次奉命指挥华中前线部队，这个部队的任务是把敌人从枣阳和若干其他城镇赶走。这时，张自忠将军身边只留下两个警卫团在汉水以西，是否能与他的三十三集团军取得联系，他已经没有把握，更不用说与其他部队取得联系了。在接受命令前，他曾给副司令冯治安写了最后一封信，若是他遭到不幸，要求冯治安负责统率这支部队。后来，张自忠在战场上英勇牺牲了，再后来，他的照片摆在蒋介石办公桌的上面。"史沫特莱在书中说："张将军的良心终于可以安息了。"

张自忠一生历经坎坷，他为人坦荡，以自己的人品赢得了中外媒体记者的尊重和夸奖，他是一位对得起自己良心的将军。我想说，作为一个人，无论做人做事，能对得起自己的良心，那也就不白活一生了。

第十八章
冯玉祥悼念张自忠

张自忠将军去世后，举国哀悼。冯玉祥写了一篇很长的文章，文章名为《痛悼张自忠将军》，此文发表在一九四〇年七月的《新华日报》上。冯玉祥在文章里表达了自己对张自忠的怀念之情。

“五月十八日，我接得冯副总司令治安十七日的电报，告诉我一件极不幸的消息，电文是：‘张总司令由方家集率七十四师追击南窜之敌，铣日在南瓜店附近与敌激战。敌以步骑三四千人附炮二十余门向我反攻，战斗异常激烈，我军伤亡殆尽。敌以大部向我包围，接近总部。总司令抱有敌无我之决心，亲率总部官佐及特务营作最后之苦撑。自辰至未，血战未休，卒因弹尽力孤，总司令竟以身殉。’

我读了这个电报真如晴天霹雳，震我肺腑，我不仅哀痛于这位二十五年来共患难艰苦的老兄弟的牺牲，更痛惜在此抗战的重要阶段上牺牲了一员大有作为的猛将，这真是全民族的重大损失。

抗战以来，张自忠以兵团长兼集团军总司令，亲率部伍，冲杀敌人，受伤不退，力战身殉国，此为第一人。

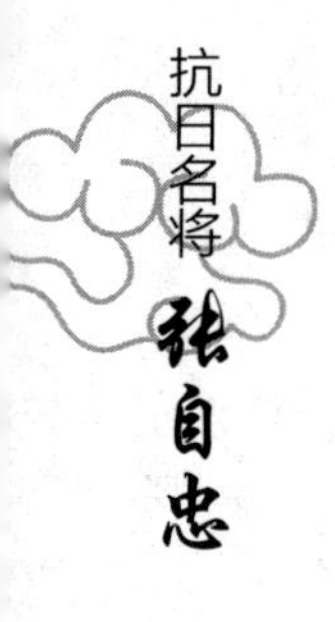

复看中华民族四千年的历史，抵抗外来侵略，以高级将领身先士卒，截击敌军，终以鲜血溅沙场者，此亦为有数人物。

这样一位在为抗战史上以鲜红的血写出灿烂光华的一页者，我们要永远记在心头，永远父以告子、兄以告弟，这样的传至千秋万世，芳馨不灭。

这样彪炳人寰、光辉照耀的民族英烈的血迹，我们更要勇敢地踏上前去，听从他最后的呼声、跟随他伟大的脚印。我们誓要报仇雪耻，奋战到底，一直战到鸭绿江边，敌人彻底的毁灭，我大好河山一草一木仍属我有为止。

我说荩忱死得好！可以给全体国民留下一个不朽的榜样，让那些贪生怕死、享乐耽逸之徒，有一个反省的机会。想想中国在这生死存亡的关头，大家应如何报效国家，方算尽了个人的神圣天职！

我说荩忱死得好！可以给一些官吏留一个舍身为国尽职尽责的模范，让那些少数贪官污吏、土豪劣绅，能有掏出天良、洗心革面的一天！

我说荩忱死得好！可以给一般富有的人们当头棒喝，让少数的守财奴、奸商、市侩以及一切大大小小发国难财的人们，想到他们拿英雄的骨骼血肉所换来的骄奢逸乐的生活之无耻，而痛加悛悔！

我说荩忱死得好！可以让一般只说空话、不做事，挂羊头卖狗肉的人们认识自己的错误，承认自己的罪疚。从此真心实意，踏踏实实地贡献其精神、才力，以救国家。

我活荩忱死得好！可以让一般吃里爬外，卖祖宗、卖子孙的汉奸以及他们的徒子徒孙们看看真正中国人的硬骨头和精神，我们中华民族就在这种先进分子手中得到永生，得到自由和独立。我堂堂中华民族绝非少数败类可出卖得了的，我们的国土也绝非可屈服投降拱手让人的！

我说荩忱死得好！可以叫挣扎泥沼野心不死的日军，知道我们不仅有英勇的士兵，更有视死如归的高级将领。让他们知道他所做的迷梦是如何的愚妄可笑。我们中华民族是不可屈辱的，我们的将领是以必死的精诚、有敌无我的决心，效忠于国家民族的。头可断、血可流，不获得最后胜利，绝不干休，这种浩然正大之气会让你们军阀、财阀死无葬身之地！

我说荩忱死得好！他不是为打自己中国人而死，他是为中华民族打日本军队而死，这正是中华军人应当死节的时候，这才叫‘死得其所’，这种牺牲无比光荣，无比伟大！”

读者从以上文字可以看出，冯玉祥将军的文章，在当时的社会，就像投下了一枚重磅炸弹，让很多汉奸伪军胆战心惊，更让日军看到后咬牙切齿。这篇文章的发表，不仅悼念了张自忠将军，更表达了中华民族的子孙誓要把侵华日军赶出中国的决心。

当时的中国，正像冯玉祥笔下所写的那样，一边是贪污的官员，一边是卖国求荣的汉奸，还有恶霸和土豪，欺压百姓，无恶不作。冯玉祥将军对这些丑恶现象也是深恶痛绝的，他借悼念张自忠将军的机会，说出了每个炎黄子孙的心声。

在后面的文章里，冯玉祥真实记录了张自忠将军从一个强悍的孩子，成长为勇猛杀敌的抗日英雄的成长传奇：

“以下我要向各位介绍这位民族英雄的身世。他的名字叫张自忠（这是一个敌军汉奸听着就头痛的名字），字荩忱，五十年前生于山东临清。那一带人民非常强悍，他自小也是一个强悍的孩子。他的家境很好，使他得到求学的机会，上了中学，毕业后进入了法政学堂。可是他总觉得这死知识、繁条文，救不了危在旦夕的中国，他决心弃笔从戎，在民国五年的时候投到我的部下。我最初派他为差遣，即随着初级官长班学习军事，后乃升充排长。

他家境虽好，又是学生出身，却没有那种浮华奢侈的习气，在军中同大兵过着一样的生活，吃穿差，上操、上讲堂、抬土、挑砖，一切大兵能做的事他都能做。当时的他的确是一个优秀的下级干部，民国八年又让他入教导团深造。

在教导团中，他又做了一个标准的团员，当时鹿钟麟团长非常夸奖他非常勤劳，为人处事都极其真诚友爱，又刻苦耐劳。这时便显出他未来一定是个将才。果然，不久他便升为连长，做事读书，训练部下，更是勤奋，于是便升为营长。

在营长任内他视兵如子，纪律是严的，感情是厚的，所谓‘恩威兼用’，他确能做到。

这时候他每天除睡眠时间而外，完全把功夫用在操练上，一天到晚不见他有片刻的闲暇。

看到他这样的振奋努力，便又升调他为学兵团团长。他一再的请辞，说是他的品学经验都不足以胜任团长这个职务。把个人利益看得这样淡泊，把事情看得这样认真，在平常人中实在是少有的。后来劝说再三，他才勉强答应。应了之后，他绝不以为官大了可以随便了，他反而更以为担子重了，更加小心谨慎，以身作则，勤勤恳恳地教育学兵，得到了全体学员的爱护，为国家造就了不少英才。

民国十一年，他在南苑负起了训练军队的责任。

民国十三年又参加作战。丰台之役与英兵相遇，他不屈不挠地完成了所负使命。

民国十五年，我由苏联归来，他来关中见我，后被升用为副官长。他做事谨慎周密、胆大心细，后来我在开封办了一个军官学校，就请他担任校长。

他不像一般校长，他能同学生打成一片，穿着钉着布围子的小短褂裤，同学生一模一样。大清早上朝会他没有一次不到的。同学们的饮食起居他总是处处注意，处处以自己的一言一行给学生做榜样。关于课程方面，他请了许多好教员认真教授，结果造就了一两千品学兼优的干部。如今这些人普遍分散在军队之中，于抗战有莫大的贡献。

民国十八年升任师长。这时粮饷衣服都极缺乏，可是他都能咬牙苦撑，实做实干，结果打造出一支劲旅。在民国二十二年东北沦陷后，日军继续向长城推进。此时，这支劲旅即成为长城抗战的中坚力量。那时他同冯治安、刘汝明、赵登禹等说道：‘人生在世迟早都是死，为打日本军队死了，才是死得其所。’他以这支劲旅在喜峰口一带与日军血战，以大刀手榴弹痛歼敌军，并截获坦克车数十辆，成就了九一八以后获得伟大胜利的战役，这是七七抗战的先声、是抗战史上光荣的一页。

民国二十五六年的时候，华北呈现一种特殊的局面。而他在这种局面下苦撑。虽然遭到许多人对他的误会，甚至许多人对他辱骂，他却始终本着忍辱负重的精神，以待将来被事实洗白。

七月七日，卢沟桥响起了抗战的炮火。他在极危险的情况下化装逃出，获得最高统帅让他率领五十九军抗战的命令。他的报国机会到了，以事实洗雪耻辱的机会来了。徐州以南一战，他率军克服小蚌埠，声威大震，不但援救了友军，而且振起了一般部队的士气。

不久调到临沂，与敌军精锐的板垣师团发生遭遇战。地上有敌军的机械化部队，天空有敌军的飞机助战。火力悬殊，他却毫不畏惧，亲自督战，左右冲杀，结果把所谓精锐的板垣师团，打得七零八落、溃不成军，成为台儿庄打歼灭战以前的一次光荣的胜利。

台儿庄的大歼灭战开始了，他在敌人的侧方加以袭击。台儿庄有此胜利，其功勋亦不可磨灭。

后来徐州撤退，他的责任是‘掩护撤退’。他且战且走，并且自己总是走在部队的后面，所以他的队伍始终不乱，所负使命始终不乱，所负使命忠实完成。不但如此，他且沿途收容伤兵，以车马运送，自己却徒步行军，脚破血流，没有喊半声‘苦’字。

此后便在武胜关以东与敌血战，部队死伤过半，才奉命带队归来整训。

短时期他又补充就绪。去年五月随枣一战，把敌人后路截断，杀敌最多，敌人以‘活关公’呼之。

去年冬季出击，他升任右翼兵团长，指挥八路军，共同杀敌。他没有歧视八路军的心理，总是把自己的部队配备在重要危险的地带，亲自上前线，总司令部经常放在敌人跑火线内。有一次敌人炮火把司令部房子的瓦都打碎了，他仍然坐镇其间，毫不畏惧。结果予敌人莫大之打击。在这一面，敌军数月以来，未敢妄动。

今年四月，敌军看到他们国内反战空气日趋浓厚，前线士兵也多厌战，国际局面复因大战之展开，各国自顾不暇，无力再对日军加以接济，因之形成对他不利的局面。再看我之战事，我越打越强，日军越打越弱，'速和速结'碰了壁，'以战养战'又养不了，弄出了一个傀儡来，除了遭到全国人民的唾骂以外，毫无作用。于是恼羞成怒，来一个冒险进攻，各线抽调来十余万人，向襄樊南阳推进。首当其冲的就是张将军所指挥的右翼兵团。敌人攻了五个昼夜，未能越雷池一步，不得已掉头北窜，攻占唐河。张将军亲率部队，尾追敌人，沿途斩杀无数，敌军死亡达五六万人，乃掉头回窜。

将军杀敌心切，率卫士二千余人紧追不放。敌为掩护退却，突回军反攻，张将军乃陷于包围圈内，血战八小时，肩、胸部受伤。随从请他休息，他坚决不答应，仍然裹创再战，终至部队死伤殆尽，他见大势已去，就剩了以身殉国的事了，乃拔委员长所赐短剑自裁，为朱增源副官所夺，而此时胸伤发作，乃告左右曰：'我对国家、对民族、对个人、良心都得安慰。大家更要努力为国杀敌！'言毕气绝。一代民族英雄就这样悲壮地实践了他崇高的志愿。

回忆九个月以来，他来重庆见我的时候，他说：'我不管枪不如人、炮不如人，我总要拼命地干一场，作一个榜样给人看，我一定尽我所有的力量，报效国家，不给先生丢脸。活着我要活出个样子，死也要死出个样子！我觉得我越走越光明，先生，你看，我一定要这么办！’

今天，血的事实告诉我，他真正的实践他向我说的话了。这些话音还在我耳中回绕的时候，说话的人已经报效了他热爱的国家，尽了他军人的天职！

回头一看，他真是军人中的模范人物。我再把他的许多特长在此一述。

第一个、英勇果断。‘武官不怕死’，这句话他的确做到了，我用不着再举例子，他以身殉国，便是最好的例证。至于‘果断’，他说干就干，绝不迟疑因循，这是他打胜仗的因素之一。

第二个、肯牺牲自己。他近来担任右翼兵团长，指挥军队达二三十万人，他没有私心，绝不肯在作战的时候，把友军放在危险的地带，把自己直属部队放在后边，不肯牺牲。他每次总是先把三十三集团军放在直当敌锋的所在，而又以他直接率领的五十九军首先去冲锋陷阵。

重担子自己担，杀敌在前，退却在后，爱护友军，严律己属，这是军人极崇高的品格。

第三个、韧性的战斗，不知道什么叫休息。从七七以后，他参加作战以来，就未曾休息过。人打光了，补充了再干。去年冬季出击以后，他患病甚重，随员劝往宜昌医治。他决然反对。他这样韧性的抵抗，是‘持久战’战略之下，军人应具之精神。

第四个、吃苦耐劳，与士卒共甘苦。在上面已经说过许多他吃苦耐劳的事情，此次他以兵团长亲率少数部队过河，击歼敌人，终至殉国，非平素吃苦耐劳与士卒共甘苦者，何能如此！

第五个、重视军民关系。他本着‘不扰民，真爱民’的精神训练部属，所以在他的部属所在地绝看不到满街士兵到处骚扰的情形。

他若发现在行军时，有上兵用毛驴子在驮着东西，他一定能追根究底，查出来源。若是合理的雇来，那也定要问出雇的原因来，若是抓派而来，那就一定加以极严厉的处罚，绝不宽贷。所以他的军队与民众关系异常亲密和善，相爱相助。民众听到他的军队开拔消息，都恋恋不舍夹道相送，听到他的军队回来了，便夹道欢呼。视民如主人，这句话他当之无愧。

第六个、虚心接受部属意见。遇到有什么疑难事件，召集官佐共同商议解决办法，有好意见贡献，一定虚怀接纳，绝不固执己见。

第七个、注重干部培养并延揽人才。经常办干部训练班，以培养优秀干部。对训练班人事、物质之设备，力求充实，绝不马虎；对外则能延揽人才，集思广益。

第八个、明是非不将就。他一生对是非看得极清楚，是的听从，非的他一定反对，绝不将就。在平津苦撑之际，有人以为他真要浑水摸鱼。当时我就说：‘他从小就和我共事，我知道他疾恶如仇，绝不会投降敌人。’后来果不出我所料。

第九个、知耻。他无论做错了什么事，或者作得有什么欠缺，有什么不如人的地方，他一定寝食不安，很快要把这事重新做好，绝不能背着耻辱的名，苟且生活。这种性格，由对私事发展为对国事。所

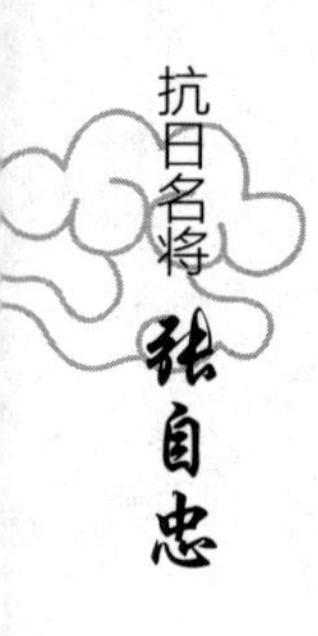

谓知耻近乎勇，他勇敢的根基，也就建立与此。

第十个、以身作则。他处处以身作则，对部下说得到做得到，时时刻刻走在前面，绝不是光叫别人怎样怎样，而自己一举一动可以随便。

第十一个、不爱钱。这一条是众人皆知的事。他的财政绝对公开，克扣军饷、喝兵血的事，在他的部队中找不着。

第十二个、好学。去年整理军队的时候，他还从我这里请了赖秘书、董秘书为他讲了两个月的书。战局那样紧张的时候，他却一有空暇就看新到的书籍杂志。这样做，为什么？为的是求进步。

第十三个、不畏难。再艰难困苦的生活，他绝不喊苦叫怨。在他的字典上，真是无‘难’字。

第十四个、体贴部下。他体贴部下，真是无微不至，官兵的饮食起居，他经常的亲自去查看。对于伤病，更不吝惜金钱，予以帮助。

以上我随便想到的十四点特长，我觉得都是现代军人必须具有的。

悼文写到这里，我又看到冯副总司令治安，李参谋长文田发来的皓电，报告张将军尸体寻获及殉国经过并附录于此：

（衔略）先总司令遗体，经黄师长维钢亲自率队分途搜寻，将敌击散，业以觅得，运回总部，正装殓中。据先总司令卫士谷端血负伤回部称：当敌大大部向我包围，总司令即登山督战，铣午左臂受伤，我劝回部绑扎，坚不肯回，神色自若，仍大呼向前冲杀。未间胸部又受重伤，即拔佩剑自决，为随从副官朱增源所夺，随即倒地，微声曰：‘你们快走，我自己游办法。’又曰：‘对国家、对民族、对长官良心平安，大家要杀敌报仇。’遂瞑目殉国。伏念先总司令每次作战，即抱必死决心。

当其渡河截敌之日，曾给我亲笔一涵，大意略胃：‘因战区全面关系及本身之责任，均须过河与敌一拼，如不能与各师取得联络，即奔着最终之目标（死）往北迈进，无论作好作坏，一切求良心得到安慰。’”

又得报告张将军灵柩明日迁此，赴北碚安葬。九个月前，他向我说的坚决杀敌的话语，不料竟成了遗言；九个月前，雄健勇武的身躯，不料而今闭于一棺，不能重睹了！真是如断我臂，痛彻心胸！我要向全国军人高呼，我要向全国不愿做奴隶的人们喊叫。

我们从今要大彻大悟，以死者为模范，精诚团结，抗战到底！

我们要踏着烈士的血迹，忠勇报国，我们要为烈士复仇！

我们要为中华民族复仇！

烈士的精神不死，中华民族永生！

第十九章
永远的丰碑

秦德纯，张自忠将军当年的战友，曾经写过《我与张自忠》，在台湾出版，他在书里是这样写的：

“我对张自忠将军的深切认识，是在民国十六年春天。那时我们都在开封服务，他担任西北军官学校校长，不久即调充二十五师师长；我由二集团军十四军军长调任该集团军副总参谋长。总参谋长是曹浩森先生。我到总司令部后，因业务关系与张自忠将军常常晤洽。

冯总司令自党家庄回开封后，即通电二集团军部队，痛述日军侵略残暴罪行，应积极训练所部，誓雪国耻。同时就近亲督张自忠的第二十五师，细针密缕的严格整饬部队，准备对日作战救国。

民国二十年九一八，日军侵占我辽吉黑三省。民国二十一年侵占我热河。民国二十二年复由热河南下，企图突破长城线，窥伺我华北。宋哲元将军所部奉命编为第三军团，宋任总指挥，我任副总指挥，督率二十九军由北平近郊向喜峰口、罗文峪两地驰援。一日夜急行军一百八十里，军抵三屯营。适得日军逼近喜峰口情报，张自忠、冯治安两将军所部遂跑步急进。三月九日午刻抵喜峰口时，适我友军万福麟

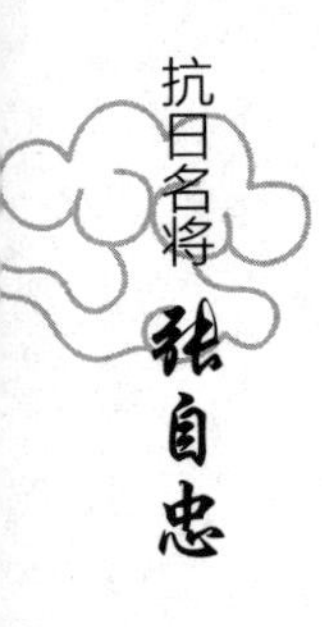

所属五十三军由热河退出。日军尾追跟进，我张、冯两师，即在喜峰口与敌遭遇。展开争夺战，各高地山峰，我军得而复失、失而复得者数次，战况至为惨烈。血战三日，敌我已成僵持态势。我与宋将军密商，改守势为攻势，变被动为主动之击敌计划。我即由蓟县总部驰赴喜峰口前线，与张、冯两将军会商，张冯均极端赞成，张将军更主张即日实施，立即决定抽调有力部队由战线两翼夜袭敌人侧背。遂于当夜派赵登禹、王治邦两旅从喜峰口两侧之董家口、潘家口攀越险峻山峰，抄袭日军侧背。歼日军步兵两联队，骑兵一大队，并破坏其野炮十八门。从此日军攻势顿挫，始终未能越过长城线各隘口，平津赖以安定。全国各界团体及各地侨胞纷纷驰赴前线慰劳的络绎于途。此为自九一八日军侵占我四省以来，所遭遇的第一次严重打击。事后得承德方面情报，日军在承德举行追悼阵亡将士大会席上声称，认为是日军侵华以来，所未遭遇的失败与耻辱。”

后来，张自忠被日军宣传成汉奸，他的内心非常痛苦。此时秦德纯也十分难过。他在文章里，形容自己当时的心情是“忧心如焚”。有一天，他去见宋将军，说着说着就痛哭起来。

宋将军非常镇静，他对秦德纯说：“我们奉中央训示，委曲求全来支持此危局，此中内幕不便向国人公开，当然难为人人所谅解。现在报上用五号小字骂我们是汉奸；我绝对负责保证，将来一定有一天报上用头号大字，登载我们是民族英雄，请你放心好了！”

秦德纯经过宋哲元的开导，放心地周旋在日本人中间。

此后，卢沟桥事变爆发，军队在南苑战败。宋哲元听从了蒋介石的安排，去了保定，在那里指挥。当年，宋哲元临行前写了三个手令。临行前，张自忠将军眼含热泪对秦德纯说：“你同宋先生成了民族英雄，我怕成了汉奸了。”

秦德纯郑重地对张自忠说：“这是战争的开端，来日方长，必须盖棺后才能论定，只要你誓死救国，必有为全国谅解的一日，请你好自为之。”两人握手告别。

在《我与张自忠》一文中，秦德纯谈到张自忠与日军的几次战斗。他写道：

“民国二十七年春，随战事的进展，中央拟将二十九军扩编为七十七军及五十九军两军。五十九军军长一职，何部长应钦一再征我同意，令我担任。我认为该军干部多系张自忠将军训练的学兵营出身，张自忠将军对他们也知之甚深。为发挥作战威力，五十九军军长，似应由张自忠将军出任为妥。不久中央任命张自忠将军为五十九军军长。

徐州会战后，我大军西移，张自忠将军率部于疲敝之余，掩护大军突围，而敌人不敢逼近。是年九月武汉会战，张自忠将军以孤军守潢川，敌至迭予痛创，我主力得以从容部署，厥功甚伟。十月张自忠将军任三十三集团军总司令，此时国人无不以民族英雄目张自忠将军，而张自忠将军仍时时已未得良机杀敌效死，而引以位憾。

民国二十八年三月，鄂西钟祥战役，敌以三个师团进犯随枣，势极嚣张，张自忠将军统率两团健儿渡河截击，大破敌于田家集，毙敌联队长二，伤旅团长一，斩获无算，敌军狼狈溃散，随有鄂北之捷。

民国二十九年夏，敌以重兵再犯襄樊，张自忠将军以主力坚守襄

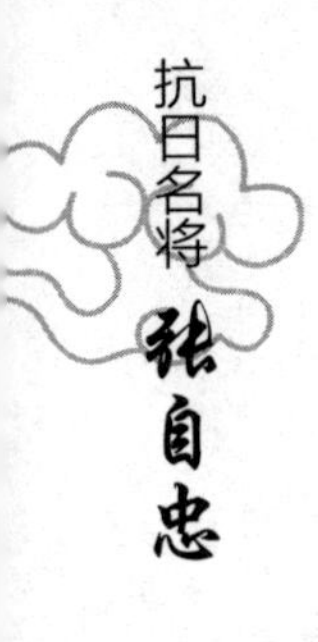

河，亲率轻兵一部渡河截击，乃于五月七日夜临出发前，贻书副总司令冯治安将军：‘因为战区全面战争之关系及本身之责任，均须过河与敌一拼，现已决定于今晚往襄河东岸进发，奔着我们最终之目标‘死’往前迈进。无论作好作坏，一定求良心得到安慰，以后公私均得请我弟负责。由现在起，以后或暂别或永离，不得而知。’”

后来，张自忠就在与日军的战斗中牺牲了。回首往事，秦德纯无限感慨，他写了这篇《我与张自忠》的文章，以纪念英勇殉国的张自忠将军。

有人说，这个时代需要英雄；也有人说，这个时代需要的是更接地气的英雄。我想说，张自忠将军就是一位接地气的英雄。

曾经有一段时间，人们忙工作，忙事业，为生存到处奔波，很多时候，人们却淡忘了英雄；还有些人会走进电影院，在大屏幕上去欣赏好莱坞大片中的虚拟的英雄，很多孩子只认识蝙蝠侠、蜘蛛侠，却不知道抗日英雄张自忠；有些人只知道复仇者联盟，却不知道铁道游击队。最可怕的是，很多人逐渐淡忘了日军侵华的那段历史，这是最可怕的事情。

打开尘封的历史档案，一个个鲜活的英雄走进了我的视野。这些英雄，很多都是接地气的英雄，他们不是虚拟的，是真实的英雄。与其狂追一个虚拟的英雄，不如去崇拜一下真实的英雄。

张自忠虽然出身于清朝官员的家庭，但他并没有官二代的恶习和做派。他本来拥有锦衣玉食，即使父亲去世后，他的家境仍然很富裕，根本不需要去当兵。当年，母亲并不支持张自忠去当兵，但是，他还是毅然选择了参军。

在军阀时代，很多军官欺压百姓，克扣军饷，生活作风腐化。张自忠没有像其他的军官那样的生活，唯一的嗜好吸烟也被李宗仁批评后，彻底戒掉了。他关心每个士兵的生活，每晚都会去给士兵盖被子，从这点来说，就不是一般军官能做到的。

更重要的是，张自忠从军很多年，一路走来，逐步升迁，可他从来不摆官架子，这也正是我敬重他的原因。一位不摆官架子的军官，一位同士兵一起吃饭的军官，一位在战场上总是把指挥所设在最前线的军官，谁能不敬重他呢？

在全国的很多城市，都有张自忠路。在北京市、天津市、武汉市，路牌上清晰地写着“张自忠路”四个大字。在上海市，只写着三个大字“自忠路”。

二〇一五年十月五日，我跟随旅游团来到上海，到处寻找这条路，遗憾的是：跟随旅游团行色匆匆，没有看到自忠路。后来我在一本书中终于找到了一张照片，照片像是上个世纪的，照片中有穿着朴素的行人，路上车辆很少，似乎是拍摄于二十世纪七八十年代的照片。

岁月匆匆，生存的压力似乎让人们忘掉了很多值得回忆的东西。但是，不管何时，当这三个字出现在人们脑海的时候，都会像一座丰碑高高地矗立在那里。英雄就是英雄，不会因为年代的久远，就让他们淹没在人海中。

有的人活着，却已经死了；有的人虽然去世了，却能长久地活在人们心中。我想，张自忠就属于虽已去世，却能长久地活在人们心中

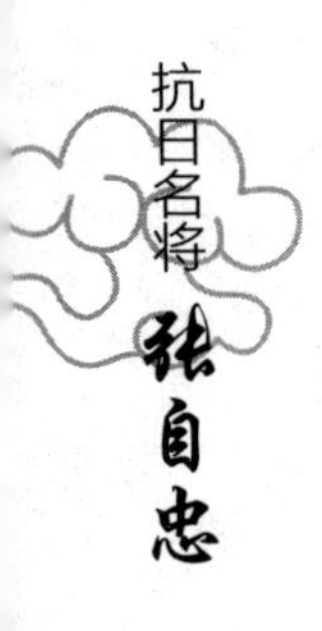

的英雄。

一九八八年十月，为弘扬爱国精神，中共临清市委市政府在临清市建了张自忠将军纪念馆，纪念馆位于临清市青年路中段，占地面积约一千平方米，建筑面积约五百平方米。纪念馆采用仿古式的建筑风格，看上去很典雅，纪念馆的展厅分为四个部分，第一部分是序幕厅，陈列的四个大字“尽忠报国”，是毛泽东为张自忠题写的，还有两幅巨幅照片，一幅是湖北宜城十里长山，那是张自忠牺牲的地方。另一幅是北平宛平卢沟桥，那是抗日战争爆发的地方。第二部分是张自忠的生平事迹展览，展出的珍贵的历史照片二百余幅，还有文字资料，主要介绍了他的功绩。第三部分是张自忠纪念碑廊，收藏有朱德、董必武、郭沫若和季羡林等题词的碑刻，共计五十余块。第四部分是张自忠故里碑亭。张自忠纪念馆是山东省爱国主义教育基地，每年都有很多人来到这里瞻仰和悼念。

张自忠纪念馆就是永远的丰碑，矗立在凤凰岭下。站在纪念馆前，很多人都仿佛回到了那硝烟炮火弥漫的战争年代，依稀在炮火中，看到了那位身材高大的英雄。他瞪大双眼，怒视日军，即使倒下也没有闭上那双有神的眼睛。

想起张自忠的女儿张廉云女士写过这样一段话：“爸爸，抗战胜利了，你知道吗？日军终于投降了，你知道吗？”

我想起三十三集团军七十七军一三二师师长王长海写的回忆张自忠的文章。那篇文章短小精悍，主要叙述了一九四〇年，张自忠来到襄河岸边，在与日军大战的前夕，他讲的一番话令人难以忘记。

“在民国二十九年的四月，张自忠将军判断敌军要发动所谓‘五月攻势’，亲自到各部队防地视察。我迎接张自忠将军到襄河东岸一个小乡村里。张自忠将军告诉我当时国际的情形，并做了详细的分析。又告诉我关于敌军必然要溃败的许多理由和事实。最后张自忠将军训勉我，他说我们军人要做到‘鞠躬尽瘁，死而后已’，才算完成军人的责任。并且又说，岳武穆的《满江红》以及文天祥的《正气歌》，就是代表岳武穆、文天祥的精神，也可以说就是他们的精神不死。说到这里，张自忠将军脸上呈现出严肃的态度。又说，在目前抗战已经接近最后胜利的阶段中，每一个中国的战士都应该继承这种精神，我也是这样的要求自己。四个多钟头的谈话后，张自忠将军又匆匆地别去。

“这是一个不可磨灭的印象。由于这一次的谈话，更可以知道将军在幼年时代就已经继承了历史上民族英雄的伟大精神。”

遥望张自忠将军纪念馆，我想在心里对他说：“在纪念抗日战争胜利七十周年的日子里，我们在怀念您。您用自己的生命换来的和平岁月，我们每个人都会去珍惜。”

我的耳边传来一个声音“牢记历史，珍爱和平，不要忘记过去的耻辱，忘记过去，就意味着背叛。”让那些耻辱永远地刻在那里，它时刻警醒我们，也时刻提醒我们，和平的日子多么宝贵，在和平的阳光的照耀下，每个人才能拥有属于自己的幸福和人生。

此时，外面的天空阴沉沉的。我的屋里有一盏灯光陪着我，心里变得亮堂起来。我喜欢把人生分为几个不同的阶段，即使解读名人的人生，我也总喜欢用这样的方式，即把人生分为五个阶段：童年、少年、

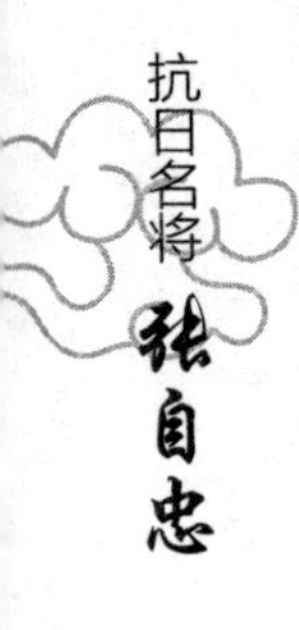

青年、中年、老年。

我把这人生的六个阶段，就用五种味道来对应：酸、甜、苦、辣、咸。传奇将军张自忠的人生也充满了这五种滋味。童年自然是甜的，这种甜甜的味道，不是加入甜蜜素的甜味，而是甘蔗的自然甜味。那时候他的家境富裕，没有烦恼，母亲给了他很多的关爱，也让他享受到了更多的美食。对于孩子来说，有母爱、父爱，有美味的食物享用，还有一群好伙伴，那就是最幸福的时光。

进入少年后，张自忠的人生就发生了变化。首先是父亲的病逝，这对他和他的家庭来说，都是不幸。在那个年代，养活家人的重担都落在父亲的肩上，父亲的去世，也让这个家庭失去了经济来源。虽然家里有些积蓄，但是，随着年龄的增长，尤其是在他结婚后，他要考虑如何养家糊口，如何照顾妻子，养育孩子。那个时期的张自忠，早已经褪去了青涩，成熟了起来。

张自忠的整个青年和中年时期都是在军队，而他的辉煌主要是在战场。虽然，他憎恨战争，但是为了和平，他还是要用武力去解决战争。如果有读者问我，在张自忠的一生当中最苦的是什么时候，我想说："他最苦的时候，不是在战场与敌人厮杀的时候，也不是每天在军校里和学员们一起训练的时候，而是被国人骂为汉奸的时候，那是他一生当中最痛苦的日子。"

张自忠作为一个顶天立地的男儿，有属于他自己的爱恨情仇，他爱国家、爱人民、爱妻子、爱父母、爱儿女；他一生最仇恨的就是疯狂侵略中国的日军。当年，曾给张自忠将军做过部将的李致远在回忆张自忠在徐州突围的时候，写过这样一段文字：

“当台儿庄大捷之后，几十万国民党部队忽然来了个大撤退。这时一些所谓高级将领，乘飞机或是火车逃跑了。军队没有头领，部队混乱的情况可想而知。在这种形势下，张自忠受命掩护友军突围。他亲赴第一线，边打边退，主动承担起收容沿途各部队伤兵的任务。他命令全军大小军官一律不准骑马（当时营以上军官有马），用马车运送伤员。他以身作则，不骑马、不坐车，和大家一起徒步行军。突围时，他还命令全军官兵沿途不准骚扰百姓，不拿群众一针一线。一天，走到徐州西南一个山坡上，他见一个骑驴的官兵后边跟着一个老百姓。他问这个骑驴的为什么不听命令？随后依军法将此人枪毙在路旁。由于他爱护百姓，受到了沿途群众的拥护和爱戴。当时战区长官李宗仁曾说：‘此次临沂之捷，张自忠的第五十九军奋战之功，实不可没。’”

像这样一位英勇杀敌的将军，为何在当时会被国人误解为汉奸呢？每次在我谈到这个问题的时候，总觉得仿佛看到了真相，却又感觉在雾中。有一天，我终于明白了，那是当时的日本政府和日本特务给张自忠设下的圈套，特务们利用了年轻学生冲动的心里，再利用媒体大造文章，利用某些媒体看待问题的尖锐性和敏感性来挑起事端；把真的汉奸伪装起来，把抗日的英雄变成汉奸，妄图把清水搅浑，然后，日军就达到了他们的目的。

张自忠的一生，离不开那个忠字，他的心中还有一个义字，那是大义。国人敬重张自忠，并不完全因为他是抗日英雄，还因为他是一位心胸宽阔的好男儿。在他的人生字典里，从没有报复这个词语，也没有腹黑和圈套。张自忠所有的才华和谋略，都在战场上展现出来，尤其是对日军作战的战场上。虽然，张自忠是一位军事天才，但他最厌恶的是国内战争，他最憎恶的是内斗。对于曾经想要置他于死地的那些人，甚至是仇人庞炳勋，他都化干戈为玉帛，甚至忘记仇恨；对于侵略中国的日军，他不会服软，更不会助纣为虐，他化身战神，与日军拼刺刀，直到壮烈殉国。

张自忠从不利用自己的职务为家人谋福利。但是有读者会说：当年的张自忠，不也带着女儿和侄子去日本考察吗？当年，张自忠带着侄子和女儿去日本考察，花的都是自己的钱。那次考察，张自忠对女儿和侄子都是要求严格，不允许他们随便出去游玩，也不允许他们跟随张自忠参加各种宴会。张自忠经常鼓励儿子和女儿，长大后要走出家门，找工作养活自己，而不是靠他的资助和帮助过日子。

张自忠是专情的好男人、好丈夫，在他从军从政几十年里，和妻子都过着两地分居的生活。那时三妻四妾的男人也是不少的。但是，即使没有法律条文的明确规定，张自忠也不会过三妻四妾的生活，他的心里只有妻子，这种对妻子的情义确实令人感动。

在张自忠的人生中，隐藏着一种酸楚。这种酸楚，是在他到处躲藏的日子里品尝到的。那种辛酸和无奈，也只有他自己才能体会得到。还有一种酸楚是来自于内心深处，当他看到，由于长年的内战，百姓过着动荡和逃亡的日子，他的心会痛、眼里会有泪，这种痛和泪会化成动力，誓死也要与日军拼杀到底。

解读张自忠，同时也要解读那个民国时期，那个时代到处都是租界，从清朝末年八国联军侵略中国官员们虽然脱下了朝服，换上了中山装，却依然腐败。在蒋介石执政之后，社会变得动荡，百姓的生活仍然贫穷，百姓甚至卖儿卖女讨生活，读过老舍的话剧《茶馆》的读者就会知道，那是一个怎样的时代。读过张天翼的《华威先生》，就会知道在那个年代，虽然抗日的呼声很高，可国民政府内部有多少只喊口号不行动的官员，又有多少贪污的官员在榨取民脂民膏。

张自忠从政以来，无论是在察哈尔省还是在天津市，他为百姓做了很多事情。尤其是在天津担任市长期间，在处理租界的商人欺负车夫的事情上，为老百姓撑腰，也为老百姓出了一口气。这样的官员，理应得到百姓的爱戴。

从军从政一生，张自忠坦坦荡荡，他的人生如果用颜色来比喻的话，那应该是五颜六色的。尽管，有时候他会有些忧郁，他的人生却从没有灰暗过；在他的心中，没有拉帮结派、结党营私，也没有私欲和贪欲。在蒋介石高喊“攘外必先安内”的时候，他没有那么做，他的心中有杆秤，他能分辨出是与非、对与错。

当年的张自忠，其实是已经做好了殉国的准备，他知道，只有这样，才能洗刷掉耻辱，我读懂了张自忠的人生五味，也读懂了他。

张自忠的书信

张自忠写给弟弟的家信

原文如下：

第一封：

致远我弟如晤：

来函悉。八百元之印章款已令会计处照熟寄去，望查收。弟是否已经毕业？毕业如无事，望速回防。草此布达。顺颂近祺。诸同人好。

小兄张自忠拜

六月二十四日

第二封：

兄实不才，任津市，实在干不了，觉着苦地（得）很，尤其是精神上更苦到万分。

致部将李致远旅长的书信

原文如下：

致远我弟如晤：

此次战事发生，我全体患难手足均以国家民族观念为重，奋勇杀敌，不惜牺牲。此中艰难困苦情形不言而喻。诸弟兄忠诚报国，无日不在念中。忠冒险由平而津而烟台而济南，刻即赴南京谒委员长面禀一切。在此期间，务望诸弟兄努力抗战，毋庸悬念。抑有言者，忠奉命留平以后，未获与诸弟兄共同杀敌，致令诸弟兄独任其劳，深以为歉；而社会方面颇有不谅解之处。务望诸弟兄振奋精神，激发勇气，誓扫敌氛，还我河山。非如此，不能救国，不能自救，并不能见谅于国人。事实胜于雄辩，必死而后能生。诸弟兄素抱爱国热忱，际此呼吸存亡，谅必誓死雪耻，不以忠言为河汉也。务望服从命令，拼命杀敌为盼。此颂戎祺，并祝胜利。

小兄张自忠拜启

九月十五日

在临沂前线致张宗衡旅长之手令

原文如下：

一、援军今夜准到，务望再撑五小时即有转机，这个时期就是最后之五分钟，我弟之能苦撑，极所深知，按前几天之战事与团体有极大之功勋，这两天之经过，又如此之拼命，实在不能不为国家团体感佩。望再接再厉，以竟全功。二、敌人亦到最后关头，看谁能忍最后之一秒钟，谁就能成功。三、我困难，敌之困难更大；我苦战，敌之苦必数倍与（于）我。望率所部撑眼前这一极小之时间，是盼，是盼。

宗衡弟

忠

三．二八．一五

一九四〇年五月一日在宜城出击前致三十三集团军诸将领书

原文如下：

看最近情况，敌人或要再来碰一下钉子，只要敌来犯，兄即到河东与弟等共同去牺牲，国家到了如此地步，除我等为其死，毫无其他办法，更相信只要我等能本此决心，我们的国家及我五千年历史之民族，决不致亡于区区三岛倭奴之手。为国家民族死之决心，海不清，石不烂，决不半点改变。愿与诸弟共勉之。维纲、月轩、伦山、常德、振三、子烈、纯德、铭秦、德顺、德俊、迪吉、紫封、九思、绍桢、克敏、斡三、芳芝、之喆、文海、春芳诸弟。

小兄张自忠手启

五月一日

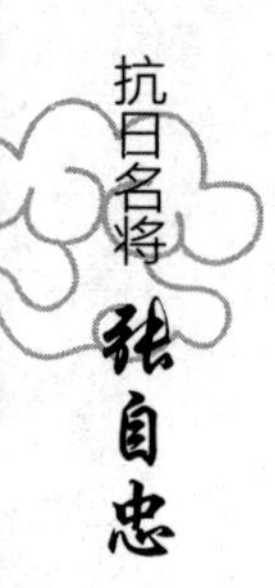

一九四〇年五月六日渡河出击前致副总司令冯治安之遗嘱

原文如下：

仰之我弟如晤：因为战区全面战争之关系及本身之责任，均须过河与敌以拼。现已决定于今晚往襄河东岸进发，到河东后，如能与38D、179D取得联络，即率该两部与马师不顾一切向北进之敌死拼，设若与179D、38D取不上联系。即带马之三个团奔着我们最终之目标（死）往北迈进。无论作好作坏，一定求良心得到安慰。以后公私，均得请我弟负责。由现在起，以后或暂别或永离，不得而知。专此布达。

小兄张自忠手启

五月六日于快活铺

张自忠将军生平

一八九一年

八月十一日（旧历七月初七日）生于山东省临清县唐园村。

一八九七年

七岁。入塾就学。

一九〇〇年

十岁。父署江苏赣榆县事，随父任住所。

一九〇六年

十六岁。父亲令他返回家乡，读书于家塾。三日后，父亲去世，母亲奉灵柩回到原籍。

一九〇七年

十七岁。与本县咨议局议员李化南的女儿李敏慧结婚。

一九〇八年

十八岁。入临清高等小学堂读书。

一九一〇年

二十岁。从高等小学堂毕业，长子张廉珍出生。

一九一一年

二十一岁。考入天津法政学堂。加入同盟会。

一九一二年

二十二岁。转入济南法政专门学校。

一九一四年

二十四岁。与同学数人来到奉天新民屯投陆军第二十师三十九旅八十七团团长车震，从副兵做起。七个月后升为司务长。

一九一五年

二十五岁。跟随车震从新民屯来到绥远平地泉。

一九一六年

二十六岁。跟随车震到达湖南岳州，提拔为师部的参谋。没几天，车震脱下军装回家，张自忠跟随他回到家乡。后来，车震把张自忠推荐给冯玉祥。从此，张自忠跟随冯玉祥，从初级官长习军事，过了几天，张自忠成为教育委员，升为排长。

一九一七年

二十七岁。冯玉祥部队来到浦口，张自忠的次子张廉静出生。

一九一八年

二十八岁。二月，跟随冯玉祥驻军武穴。七月来到常德。

一九一九年

二十九岁。入教导团深造，成为标准团员，受训期间升任连长。

一九二〇年

三十岁。成为旅部上尉副官。四月升为水上陆战队第三队队长，训练新兵。

一九二一年

三十一岁。五月，跟随冯玉祥进入陕西，驻扎在咸阳。第十六混成旅扩编为第十一师，师长师冯玉祥。张以骑兵营附兼任学兵大队长。八月，冯玉祥奉命督陕，张自忠担任卫队团第三营营长。

一九二二年

三十二岁。五月，冯玉祥任河南督军，设学兵团，冯玉祥兼任团长，张自忠担任团附兼步兵营营长。十月，冯玉祥担任陆军检阅史，冯玉祥调驻南苑。每次阅兵，都是以学兵团为前列。

一九二三年

三十三岁。张自忠兼任陆军检阅使署学兵营营长。八月，张自忠的女儿张廉云出生。

一九二四年

三十四岁。在北京城内旃檀寺驻军。直奉战争爆发，他奉命开往热河，经过北苑、高丽营、怀柔、密云、古北口到达滦平。驻滦平二十余日，升任学兵团团长。没过多长时间，冯玉祥下令让张自忠带领军队回京。张自忠奉命后日夜兼程，在十月二十三日这一天，到达北京，驻军在旃檀寺。后又奉命沿着京汉线南下，攻击直军，直捣保定，完成任务后回到北京。

一九二五年

三十五岁。冯玉祥担任西北边防督办，督办公署设在张家口，增设卫队旅，以学兵团为第一团，张自忠担任团长。九月，张自忠升任第十五混成旅旅长。不久，他又奉命驻扎在包头附近。

一九二六年

三十六岁。张自忠来到丰镇。国民党军队与直奉联军作战于平绥线上，固守南口，长达八个月。张自忠奉命在大同、丰镇间平绥路线上孤山方面与晋军作战。石友三兵败城陷，诬陷张自忠拥兵不救援，想要加害他。张自忠被迫去投靠晋军师长商震，后来再太原暂时居住。九月，冯玉祥从苏联回国，誓师于五原，成为国民联军的总司令，会同大军经过宁夏，甘肃进入陕西。张自忠回到冯玉祥旧部。

一九二七年

三十七岁。冯玉祥委任张自忠为国民革命军第二集团军总司令部副官长，很快，又让他担任军官学校校长。

一九二八年

三十八岁。二月，母亲去世。四月，跟随冯玉祥来到山东党家庄，抵徐州，五三济南惨案发生，他带部队回到开封。后来，部队改编为陆军第二十五师，他担任师长兼开封警备司令，辞去军官学校校长的兼职。第二集团军以二十五师编制最为完备，当时称为荣誉师。奉命为第二集团军考察团团长，偕旅长以上军官四十多名赴武汉、九江、南昌等地考察。然后到南京汇报。十二月，请假回家为母题主奉祀。

一九二九年

三十九岁。五月，成为潼关警备司令，很快，调任第十一军副军长，驻扎在西安。十二月，担任暂编第六师师长。

一九三〇年

四十岁。二月，张自忠率领部队开赴天水补充，训练。四月，奉命驻军郑州，后又移到陈留、杞县。中原大战失败后，冯玉祥的军队溃退到晋南。第六师为西北军兵力保留比较完整的师。冯军的残部首先经过张学良改编，属东北军第三军，后改编为陆军二十九军，张自忠担任第三十八师师长。

一九三一年

四十一岁。驻军平定，专心训练士兵。每日朝会训话后，便登城跑步，称为“出汗会”。张自忠喜欢写书法，每天都要写，于是，师部以及旅团营部军官都学习书法。

九月十八日，日军侵占沈阳。

一九三二年

四十二岁。驻军平定县，七月，在和顺之麻衣山组夏令会，集训各级军官。

一九三三年

四十三岁。长城爆发战争华北各将领纷纷请战。一月，奉命移驻河北通县，后驻香河，又经过三河到达蓟县，经过休整后，到达遵化三屯营。三月，与日军铃木部相遇。率领部队来到喜峰口，张自忠担任前线总指挥，派团长董升堂率团迂回到日军后方，前后夹击，奋战三天三夜，打败日军。二十九军的大刀威名远扬。日军战败后，不思悔改，又来进攻，又被打败。五月三十一日，国民党政府与日军签订《塘沽协定》。六月，奉命撤退到通县。七月，奉命驻军山西。十一月，张自忠请假回家扫墓，十二月，奉命驻军察哈尔省宣化。

一九三四年

四十四岁。张自忠奉命去庐山军训团受训，担任军训团营附，次子张廉静生病去世。

一九三五年

四十五岁。六月，担任三十八师师长兼任张家口警备司令，派出劲旅到各县消灭小股的土匪，招抚大股的土匪，把他们编为保安队，驻扎在口北各县。十一月九日，成为察省委员代理主席。

一九三六年

四十六岁。六月，成为天津市市长，虽想辞去职务，却没有得到允许。在天津，一边调三十八师驻扎津市附近及津浦铁路沿线，一边密查潜伏在天津市的危险分子予以处置，地方治安开始稳定。

一九三七年

四十七岁。三月，奉宋哲元的命令去日本参观，一个月后返回。七月七日，卢沟桥事变爆发，张自忠正在北平养病，与冯治安师长及秦德纯市长等人紧急召开会议，商量对策。二十八日拂晓，日军攻击南苑驻军。宋哲元午后下令张自忠代理冀察政务委员会委员长等职，宋哲元率领二十九军撤离北平。

日军知道张自忠不甘心做汉奸做傀儡，于是对他的行动严加控制。八月六日，张自忠在《北平晨报》发表辞职声明，他躲避到东交民巷德国医院和美国人福开森家，并派人到各城门视察路线，想要冲出城去，又派人去天津与某洋行商人秘密计划派车到北平。

九月三日，张自忠化装潜出北平，到达天津后，立即发密电告知宋哲元所部到达天津的经过，同时，秘密准备南下。

九月十日，张自忠乔装带领军需处长和秘书登小火轮到达塘沽，然后再改坐英国商船海口号，于十二日到达烟台，第二日到达济南，住在山东省主席韩复榘的家。蒋介石电召张自忠进京，张自忠患上痢疾，请假留在济南治疗。后来，宋哲元派秦德纯和张自忠去南京见蒋介石。不久，蒋介石任命张自忠为军政部中将部附。

十二月，国民党政府退出南京，军事委员会以及各军事机关迁往武汉。张自忠跟随各机关专车由南京经过徐州、郑州转到汉口。到达郑州的时候，宋哲元即由新乡电告驻郑州办事处傅正舜前往车站迎接张自忠，邀请他到新乡见面。张自忠没有得到蒋介石的命令，不敢擅自前往。宋哲元又派邓哲熙敦促，答应由宋哲元向蒋介石代为汇报。

张自忠到达新乡，宋哲元电告蒋介石，请张自忠以军政部中将部附暂代五十九军军长的职务，蒋介石准许。宋哲元带着张自忠去焦作、道口等地训话，全军欢呼声不断。到达道口的时候，七十七军军长冯治安自东明渡河来欢迎张自忠，请张自忠前往东明训话。后来，张自忠驻节道口、新乡之间，整顿五十九军。不久之后，转移到焦作驻军。

一九三八年

四十八岁，五十九军归第五战区司令长官李宗仁管辖。二月，张自忠率部奔赴任桥、固镇一带应援，打败进犯的日军，后来又奉命开往山东藤县。日军精锐板垣师团进攻临沂，庞炳勋军长告急。张自忠奉命救援庞炳勋，打败日军，获得胜利。此后，张自忠受到国民政府的嘉奖，担任二十七军团长，兼任五十九军军长。日军战败后，企图报复，数次率兵侵略都没有得逞。全国的民众情绪高涨，各界都派出代表到军中献旗。

张自忠的军队驻扎在临沂城南的红土屯，日军攻打徐州，张自忠为了巩固徐州的外围，转移到徐州东南的邳县，分数路向徐州方向挺进。五月，徐州的战略地位处于劣势，张自忠的军队做出退出徐州的准备。张自忠担任掩护军队退出的任务。各军退出以后，各交通线路都被日军截断。围攻徐州的日军不少于三十万，张自忠的军队势单力薄，陷入日军的包围中，非常危险。张自忠边打边走，到达永城古今，与刘汝明的军队取得联络。经过亳县、鹿邑、淮阳到达许昌，驻军在霸陵桥（一名八里桥）。

八月，转移到驻马店，很快又转移到湖北境内铁路沿线之横店和武胜关，然后，到达信阳，奉命援救固始。固始沦陷，又奉命守卫潢川，张自忠完成任务，受到国民政府嘉奖。

此后，武穴、田家镇先后失守后，日军沿江而上，就要到达武汉。张自忠奉命巩固武汉的外围。武汉的形势危急，张自忠又奉命西移，到达平汉线之花园，武汉的军队陆续撤离。

张自忠率领部队进入大别山。十月，张自忠被任命为三十三集团军总司令，兼五十九军军长。后来，张自忠驻军荆门，敌人侦查得知指挥部的具体位置，多次派飞机轰炸指挥部，张自忠始终不撤离指挥部。驻军荆门七个月，严肃军纪，身受百姓的爱戴和拥护。然后，张自忠到宜城驻军，荆门百姓在老莱山庄陆夫子庙左侧刻石，来纪念这位抗日爱民的好将军。

一九三九年

四十九岁。二月，日军进攻京山，张自忠所部退守孙桥之预设阵地。敌人复以其快速部队由张自忠所部右翼迂回到其后方，攻打钟祥。张自忠所部已与总部失去联络，乃由孙桥向西北大洪山转移。四月，转移到宜城附近的赤土坡驻军。五月，日军由钟祥向西北进犯，随县的日军攻陷了邓县，他们妄想联合起来向襄樊发动进攻。于是，在鄂西，张自忠所部全线出击，这就是随枣之战。

随枣会战开始后，张自忠所部左翼兵团渐渐抵挡不住日军的攻势。日军到达汉水，马上就要到达宜城，距离襄樊只有百里，各军都向长官部求救。于是，张自忠奉命救援，他亲自率领军队从宜城渡过汉水，用精锐的军队在大洪山一带发动奇袭。全线官兵乘胜追击，大败日军。

八月下旬，张自忠被蒋介石召到重庆，在重庆待了二十多天。为了解决下级干部的培训问题，张自忠曾经组织五十九军干部训练团，在邓县训练。后来，将五十九军干部训练团扩大为三十三集团军干部训练团，把团部设在当阳，张自忠担任团长。全集团军下级干部到团轮流受训，七十七军军部所在地召集全集团军营长官佐轮流在荆门培训，由张自忠亲自讲评，主要内容是战争的胜败得失。

十月三十日，冬季攻势开始，张自忠召集高级军官商议作战程序。张自忠率领卫队在十一月进入快活铺，下令发起攻击。二十日，张自忠率部队渡过襄河，驻扎在丰乐河附近的果园村。战斗开始，双方不分胜败，张自忠的军队多有伤亡，他到火线亲自指挥。

当李宗仁去果园村慰问的时候，张自忠正在距离火线只有三四里地的三十八师部督师，他冒着炮火镇定指挥，为了指挥方便，又把指挥所转移到张家集。当时，从前线到丰乐河的后方交通线都被日军截断，运输遇到了困难，他立刻派团长张文海率领一个营的兵力，前去攻击日军。在罗家陡坡形成了拉锯战，在拉锯战中，歼灭日军三千多人。骑兵第九师和一八〇师好多次截断了京钟公路，毁坏日军的汽车三十多辆，毁坏公路，使得日军的机械化部队无法前行。

二十六日，日军向张自忠所部发动猛烈进攻，张自忠下令张开两翼等待敌人深入。经过两天两夜的战斗，日军遭受了张自忠所部的三面攻击，终于溃败，张自忠所部还抓获了很多的俘虏。冬季攻势结束，

第五战区及其张自忠担任兵团司令的右翼兵团受到嘉奖。

一九四〇年

五十岁。二月，部队驻军快活铺附近的夏家湾，进行休息整顿。

四月中旬，第五战区得到情报：敌军计划于四月十五日总攻第五战区，攻击的主要目标是襄樊，主攻方面是桐柏、大洪山之中间地区。日军对右翼兵团张自忠部决采取防御或佯攻手段。

张自忠将军奉命截击敌人，他一边召开军事会议规划右翼兵团作战方略，一边调遣部队。在这期间，随着五战区长官部命令的不断改变，张自忠将军谨慎奉命，他多次率领部队到处冲杀，打击日军。

五月一日，京钟路的日军大约有八九千人，向三十三集军进犯。五月二日，日军第十三师团主力向一三二师和一七九师发动全线攻击，日军使用大炮轰击和飞机轰炸，官兵们浴血奋战，死亡无数。在长寿店附近，骑九师和一八〇师连续多日与日军激战。五月三日，日军的步兵五六百名、大炮二十多门、飞机十多架向一三二师和一七九师发起猛攻；日军步骑两千多名，他们想要从长寿店向西北方面袭扰，在丰乐河东北地区被三十八师截击。五月五日，一七九师向北追击逃窜的日军，一三二师切断了日军在长寿店以南的交通。在马家集以北地区，一八〇师、骑九师与日军发生激战。在流水沟以北，三十八师樊团击败日军，五月六日继续向北追击日军。张自忠将军命令一七九师、一八〇师快速追击，联合起来歼灭日军。

五月七日，张自忠亲自率领七十四师由官庄及窑湾方面渡过襄河，到达郑家湾，命令三十八师、一七九师、一八〇师追击日军，并亲自率领七十四师向北追击日军。

五月八日，三十八师击败了田家集以南的日军，与七十四师分别向新街、黄龙垱的日军猛攻。张自忠命令一八〇师、骑九师朝着双沟的方向追击向北逃窜的日军，命令一七九师截击马绍集、清水桥间日军的后续部队，他亲率军队向方家集附近发起猛烈进攻。五月十日，到达峪山和黄龙垱。在马家集、田家集一带的地方，一七九师和骑九师切断了日军的交通，对日军的各据点发动袭击，收获很多，然后，分别向枣阳附近追击。

五月十一日，三在峪山东北黄龙垱东南地区，三十八师和七十四师与反攻的日军三千多人发生激战。张自忠率领三十八师向土桥铺方面进攻，目的是要歼灭日军的主力。五月十二的夜晚，日军十三师团由吕堰镇、双沟向南逃窜。在峪山北和黄龙垱，三十八师和七十四师截击日军，数日激战，重创了日军，日军的大部分兵力想要改变计划向东逃窜。三十八师与七十四师各部紧紧追击日军，击毙很多日军。五月十三日，在高庙附近，三十八师将向南逃窜的两千多名日军击败，于是日军向东南逃窜，其中的一部分被三十八师包围后歼灭，击毙日军一千四百多名。

日军第十三师团大部约有五千多人，趁着三十八师东进的机会，又从峪山向南逃窜。张自忠将军命令三十八师、一七九师由耿家集、八角庙向南追击日军，他亲自率领七十四师、骑九师向方家集截击日军。五月十四日清晨，日军出发，立即遭到七十四师的歼灭。日军又派飞机大炮向七十四师反攻。张自忠将军率领特务营和总部人员，与日军展开肉搏战，血战数日。七十四师官兵伤亡惨重，日军伤亡更多。到了夜晚，日军和国民党军队展开夜袭，枪炮声不断，就这样，激战了整整一个夜晚，双方军队都没有休息。

五月十五日清晨，日军调集三十多架飞机和二十多门大炮，轮番对国民党军队阵地展开轰击，他们想要杀出血路向南逃窜。血战六七起，各部官兵牺牲很多，但是，官兵士气不减，在方家集附近与日军奋力激战。早在五月十四日，三十八师和一七九师击败了新街的数百名日军，继续朝南追击。

根据可靠的情报，日军残部一千多人想要沿着襄河向南逃窜。于是，张自忠将军下令三十八师和一七九师截击日军。五月十五日夜晚，张自忠将军命令七十四师到达南瓜店附近，占领了阵地，对西南警戒；命令骑九师奔赴两乳山占领东西线，保证南瓜店到宜城之间的交通通畅。七十四师很快占领了南瓜店以南高地和鸡鸣山以及杏儿山。各部部署还没有完成，日军已经从方家集和南营里向七十四师阵地逼近。

五月十六日拂晓，日军开始用大炮轰击七十四师设在罗家榨屋附近的指挥所；日方的步兵在西、北两面的数挺机枪的掩护下，向七十四师阵地发起攻击。日军先与七十四师发生激战，后来又与总部直属的郑团发生激战。八点，日军增加了兵力，再次向我阵地发起强攻。七十四师与日军展开肉搏战，结果是，官兵伤亡惨重，七十四师阵地被日军攻占。这时候，郑万良团长率队逆袭成功，拒日军在千米之外。国民党军队的战斗指挥所与日军的距离只隔了一个山头。张自忠将军率领总部人员仍然坚持在山上指挥作战。

西、北两个方向的日军开始增兵，此时，新街方向又跑来一支日军，有五六千士兵，大炮十多门，想要包围七十四师的指挥所。七十四师官兵与日军苦战。时间已到了中午，日军离七十四师的指挥所的距离越来越近，日军与七十四师特务营开始了肉搏。罗家榨屋附近的山头得到失去，失去得到，竟然多达四次，这种情况在所有的战争中，都是很少见到的。

日军开始集中炮火攻击七十四师阵地，伴着硝烟炮火，大战到了白热化阶段。当时，七十四师参谋处处长吴光辽、特务营营长杜兰哲都负了重伤。阵亡的有高级参谋张敬、上校洪进田、少校副官贾玉彬等。七十四师总部和特务营的官兵伤亡殆尽。

张自忠将军负了重伤，把伤口包扎起来继续指挥战斗，一直坚持到下午四点钟，张自忠将军伤势严重，终于倒在地上。转移他的时候，他挣扎着战起来，两双大眼睛炯炯有神，他嘴里大喊着消灭日军，他对左右说："对国家、对民族、对长官，良心平安，大家要杀敌报仇！"张自忠将军把该说的话说完，壮烈殉国，时年五十岁。

根据《张自忠年谱》的资料编写

回忆张自忠（精选）

马孝堂口述张自忠将军殉国经过

这天是五月十六日，总司令已有几天没有睡，也没吃好，昨天只吃了些煮豆子，夜晚才从罐子口到这里（南瓜店附近一个只有几间草房的小村）。总司令刚睡一小会儿，附近枪炮声震耳欲聋。有一士兵报告说："鸡鸣山丢了！"因为这个山离这里最近，总司令马上起来，到一个小山坡上去指挥。

这时敌人飞机有几十架，到处俯冲投弹和扫射，硝烟弥漫，情形非常紧张。争夺那个小山头时，敌人的尸体纵横，死了非常多。我们还捉住了几十个俘虏。总司令在这紧张形势下，还亲自颁发受伤官兵赏金，并以温语慰问。形势越来越紧张，敌人越来越多，从四面八方包围上来。总司令指挥附近残余部队反攻，叫那仅有的骑兵向敌后抄袭，他自己上到一个小山头上去督战。这时候已成混战，眼看敌人如

潮水往上涌。敌人将跑上山头，向我们直接瞄准。我们受到了严重威胁，有二三人在一处，即遭敌人炮击。总司令为减少死伤，命一般幕僚及随员都向各处分散开，只剩我和贾副官两个人跟着总司令。总司令的黄色军装在没有遮蔽的情况下，在向敌方斜向的山坡上暴露着。于是，我们这里形成了一个被弹巢。在我们附近爆炸的火光，很快地吞去了我们几个同伴。总司令猛然前扑，旋又立起，右肩后流血了！显然是被炮弹碎片炸伤了。与此同时，参谋处吴处长也受了伤。到了十里长山，还在指挥，接着左臂也在流血！但是总司令仍然站在那里，怒目圆睁，大声地呼喊着，指挥着。他的腿上也流了血，血湿透了袜脚。我见总司令突然向后一歪，右胸就往外喷血。总司令脱了上衣军装，让我给他裹伤。伤口上血如泉涌，溅到了我的脸和全身。我刚包扎完伤口，敌人就一窝蜂上来了！总司令命我快走开，还说：“我这样死得好，死得光荣，对国家、对民族、对长官，心里都平安……”这时总司令面已苍白，但还有些笑容，接着眼睛就闭上了。

此时，敌人步兵已到我跟前，即向我刺来。总司令眼睛一瞪，怒吼一声起来，一只手握住敌人枪身。一颗子弹忽由他小腹穿过，总司令向后一坐，又有一颗子弹从他右腮下射入……此时我已昏迷了。是死，是活，自己也不知道了。待神志清醒时，我已与同伴等候宰杀了！我只觉脖子一凉，就栽到沟里去了。敌人知道我未死，又重向我腹上连剁四刀，头上砍了两三刀。敌兵又向我肚子戳了两刺刀。我全身失去了知觉，脑子尚清醒，心里很清楚地记着总司令的殉难地……

董升堂供稿

这篇回忆文章是张自忠将军的随行顾问徐维烈写的，写作时间是一九四一年。这篇文章是国内第一篇记录张自忠将军殉国经过的文章，选自一九四八年九月出版的《张上将自忠纪念集》。

张自忠将军渡河是五月七日的晚上。这时候敌人正大部地汹汹北窜；我们河东的部队，防线太长，兵力太弱，又因为伤亡过重的关系，已经联络不上；而河防部队兵力也本不强，无法再行抽调，不得已勉强从第某某师抽调了两个团，还带了手枪队。这样我们就在一个星月无光的夜间，从宜城的附近，乘一叶扁舟渡到了彼岸。渡过河的第一站就是宜城的南瓜店。这就是将军后来殉难的地方！我们当时在这个地方，仅仅吃了一顿早饭，就接到报告说前面已发现敌情。将军立刻就下命令攻击前进。因为我们的目的是进击北窜之敌。这时候敌人的主力已窜到枣阳以西的地道，所以我们对于敌人后续的小部队，以及敌人为保持联络而固守的小据点。除掉能很快地将他们消灭以外，也不愿和他们久战，而被他们牵制。我们一直就是攻击着前进。这样我们打到十日，就打到峪山、黄龙垱一带。

在峪山这天，我们的第某某师和敌人打得非常激烈。而这时北窜的敌人已经感受到极大的威胁，非消灭我们不可，所以调回大部北进的兵力，分三路来反攻我们；而张自忠将军同时也奉到长官部电报，说敌人已经退却，务必猛力截击，勿令窜回。张自忠将军认为这是歼灭敌人的好机会，就一再激励第某某师的将领，说敌人既已回窜，北面的八路军，就一定向南进击，这样我们已成为对敌夹攻之势。虽然我们的兵力较弱，但是我们原在襄河的三个师不久即可赶到。只要我们肯牺牲，这次一定可以将敌人消灭了。某某师的将领，原来都是张自忠将军以往当营长时代的干部，所以也非常服从他。一个个都亲自跑到火线，在一昼夜的时间，与敌人肉搏争夺了十余次。张自忠将军也不断地亲自上前督战。结果终于把敌人打败了。敌人伤亡好几千，其余大部的敌军只好向东退窜了。

十一日的下午，张自忠将军奉到长官部的命令，说敌人已经东窜，随即率部向东截击。张自忠将军这时已经两昼夜未曾睡眠，在奉到命令后，立刻就叫大家出发，并说："兵贵神速，敌人稍纵即逝。"因为某某师已经赶到，所以就令某某师在前，另一师在后，自己带着手枪队居中，星夜向枣阳方面进击。我记得这天晚上，还下着小雨，满天漆黑，路很滑，走起来很困难。张自忠将军一面和我们步行着，一面老师嫌部队的行进速度不够。他说要赶到枣阳敌人还没有跑掉，这个仗就一定打好了。我们就这样边说边走，走了一夜。到了天亮，黄师长来报告说，前面已经截住敌人了。一部敌人约有七八千，正由北向南退窜。我们的部队，却正由西向东前进。敌人走的时候没有看见我们，而我们却早已发现敌人了。所以我们的部队，当时就展成南北之线，正好打着敌人的侧面。这一下，把敌人打得落花流水。那时候我们本来已经疲困极了，可是一听见这个消息，都异常兴奋，张自忠将军更是急速地往前走着。他一面走着，一面陆续地下命令，催调后面的部队。并且不时地说："歼灭了他！歼灭了他！"

这个地方是在枣阳县的附近，我记得是叫梅东高庙。这也是一个使我们难忘的日子。因为那天敌人虽吃了不少苦头，但我们也受了不少的罪。当黄师长派人来报告的时候，天上的雨已经越下越大。张自忠将军一直往前走，我和几个高级军官，还有一个苏联顾问都跟着他，一直走到我们第一线后面才停止。这时候的敌人已经知道走不脱身，所以都转来散开和我们对峙，并且不断地向我们反攻。自然我们也不断向他们攻击。双方激烈冲杀。张自忠将军不断地在散兵线后来回怒吼着："我们要消灭敌人！弟兄们不要让敌人跑了！"雨越下越大，枪声越来越密，他的吼声也越来越大，敌人也就越发死得多。不过我们这天也疲劳极了，一天也没有吃到饭。因为敌人的烧杀，那一带的老百姓全都跑光了。一直到天快黑的时候，才找到一点儿豆子，我们每人吃了一把。枪声渐渐地沉寂了。我们十几个人连张自忠将军及苏联顾问也在内，找到一间牛棚，大家背靠背地休息了几个小时。

我们把当面的敌人解决了之后，本来是要继续向枣阳进击的。可是十三日就又接到命令，说："敌第三十师团企图南窜，该总司令应即速率部向南截击。"于是我们不得不放弃东窜的敌人，又折回头来截击南下之敌。那时候某某师也赶到了，就分成两个纵队，由黄师长率领某某师为左纵队，往田家集新街一带截击；张自忠将军自己带着某某师还有一部骑兵为右纵队，往方家集南瓜店一带截击。这时候，我们赶到最艰难的就是缺乏粮食和弹药。因为自从我们东进之后，北边的敌人除了一部向东又转向南以外，还有不少的陆续南窜。这南窜

的敌人，已经将我们背后几个据点，如方家集、新街等地方全占据了。我们襄河东岸的渡口，也全被敌人占据了。那一片周围百余里的地方，真是烽烟四起，鸡犬不留。所以既无从采买，也无法输送，供给成了问题。我们的目的是截击敌人，其实敌人的目的也是截击我们。不过我们的士气还是异常振奋。张自忠将军不住地说：“截住他们！消灭他们！”他的斗志永远是旺盛的。

十四日的拂晓，我们赶到方家集，老远的就听见前面传来了激烈的枪声。张自忠将军是照例一听开火就往前赶，我们也一同跟着走。果然走不多远就接到报告，说方家集仍有一部敌人盘踞着，不过有大部的敌人试图向西南窜。张自忠将军就边走边下命令，叫某某师立刻攻下方家集，叫骑兵绕至西南山口去截击敌人。于是方家集的争夺战就开始了。敌人起初是有一两门炮，大约他的炮兵已经开走了，所以在上午十一点以前，炮声很稀。可是因为这个地方至关重要，敌人必须守住这个据点，才能掩护他们西边的进出，所以就不断拿着机关枪冲锋，试图以攻为守。我们的机关枪并不弱于敌人，我们的迫击炮也发挥了很强的威力。张自忠将军站在一个高坡上亲自督战，所以士气百倍，杀声震天，冲锋号不断地吹着。官兵都冒着枪林弹雨往前进。虽然敌人顽强地抵抗，但也经不住我们官兵的奋勇冲杀。在几次肉搏之后，我们终于将方家集占领了。

战斗在上午一直顺利地进行着，我们的官兵不住地往前进。敌人已批一批倒在我们的脚下。敌人方面只有机关枪声像新年爆竹一般地放着，并没有什么炮声，上面也没有飞机。可是一到正午以后，战况就不同了。因为大部敌人本来是向西南窜扰的，想不到我们的队伍蓦然由东边又折了回来。起初敌人是没有把我们这三千人看在眼里的。所以一部分和我们对敌着，大部还是向西南行进。我们在高坡上用望远镜曾望见约有七八千敌人的行列。可惜当时我们没有大炮，打不着他。后来我们冲杀得太厉害，大概敌人感觉着这部分队伍非同小可了，所以他大部队才折回来增援，并且又增加了二十几架飞机，十几门大炮。敌人飞机不断地从上空投弹；地面上机关枪不停地扫射，大炮不停地轰着，敌人方面登时增了不少的威力。而我们这边除了枪、大刀和手榴弹以外，统靠着官兵视死如归的精神与敌人一来一往地在战场争夺着。所以在正午以后就变成苦战的状态。张自忠将军好几次亲自带着手枪队增加到第一线。官兵看见了他，就好像添了无数飞机大炮一样，立即精神百倍。几次敌人猛烈的反攻，都被我们打退了。到了下午三四点钟左右，敌人没有办法，只好拼命地用密集炮火来轰击。张自忠将军的周围落了好几百发炮弹。特务营的杜营长跑来，请张自忠将军换一个地方，张自忠将军也没说可否，但对他笑了一笑："你来吃些豆子！"又说："这豆子真好吃！"杜营长也不好再往下说，只好抓了一把豆子走了。

薄暮之后，战况稍缓。某某师黄师长来报告："敌人的左翼仍有向西南撤退的模样。"张自忠将军当时与几个高级幕僚商议，认为任务是截击敌人，决不能让敌人跑脱，所以就决定连夜向西南截击，并派肖部队夜间去袭击敌人。这天晚上，还有一件险事就是我们往西南走的时候，领路人领错了路。本来应当靠东走一点儿，却往西边去了。所以竟误走到一个敌人占据的村庄附近。敌人以为我们要袭击他们，一时间步枪、机关枪、手榴弹一齐乱发。此时我们距离最多不过二百公尺，幸而张自忠将军平日就训练部队，夜间行进遇敌立时卧倒，不许乱跑、不许随便放枪。所以我们和手枪队全都就地卧倒，一声也不响，一枪也不放。敌人浪费了无数弹药，而我们未伤一人一马，仍然从容不迫地到了我们的目的地——罐子口。

五月十五日这天，敌人除以一部兵力在罐子口附近与我们对战之外，大部还是向西南窜，有沿着襄河东岸南窜之势。因为我们的部队把住了许多山头，敌人很难通过。所以他们必须向我们部队攻击。而我们的部队因奉了张自忠将军的严令："要截击敌人，决不许他们逃脱！"所以也拼命向他们攻击。这样就在罐子口附近的山地继续恶战了一天。大约敌人是知道逃窜并不容易，所以一面顽抗，一面就由各方抽调部队来增援。而我们本来也是想调某某师过来增援的，但因为他们在新街附近与敌人打得正激烈，张自忠将军不愿那一面的敌人逃脱了，所以不肯调他们过来。因此就演变成了第二天（五月十六日）敌众我寡的势态，空前的惨剧就发生了。

这是一个阴霾笼罩的早晨，我们头一天晚上才从罐子口移到南瓜店附近一个小村子里。这村子一共不过两户人家。我们因为几夜未能睡眠，所以就在露天场地上睡着了。黎明时突然被剧烈的枪炮声惊醒。一会儿就有人来报告说："我们右翼一个山头被敌人攻陷了。"这个山头我记得好像叫鸡鸣山，距我们所在的地方还隔两个山头。张自忠将军一边叫某某师赶紧派一部分人去增援第二个山头，一边说："我们到外面去看看！"我们就一同走到村子外面的山坡上。这时，敌人的大批飞机就来了，飞机到处在投炸弹，打机关枪。敌人的炮火也密集地向我们这里轰击。在我们西边第二个山头，敌我争夺异常激烈。可是敌人始终未曾得手，几次冲到山顶上，都被我某某师的邓团长亲自用机关枪打退了。不过敌人数目太多，从这一方面攻不上，就从那一方面攻。到了十点左右，敌人在我们的西南已经形成了一个弧形的包围。张自忠将军一面叫骑兵从我们的左翼出去绕击敌人的侧背；一面亲自跑上一个小山头去督战。这个山叫杏儿山，除了南面有一点接着别的山峰以外，其余都是平地。我们上这山的时候，敌人的炮火已经不断地打到山腰上。所以我们只能疏散开来，一个一个地上。本来南边敌人攻得最凶，并且我们的部队又是某某师一个补充团，多是新兵，子弹又缺乏，所以眼看就要维持不住。幸而张自忠将军亲自上了山顶督战，又派了一连手枪队去增援，这才把南面的山头稳住了。可是敌人依然不断地向两翼延伸，我们的右翼不久也受到敌人的包围。所以张自忠将军只好下山又赶到北边。这时敌人已攻到我们面前一个山头，距离我们最多不过八百公尺。子弹从我们身旁飕飕地射过。张将军派杜营长带了一连手枪队，舍生忘死地冲杀了好几次才将这山头保住。就在正午十二时左右，将军的左臂就被步枪射伤了。他不肯裹扎，只是用右手按了几按，意思是不让它多流血，同时还在大声疾呼地督战。这时候，我们的部队已经伤亡众多，战况更加惨烈了。

到了午后一点钟左右，敌人把山炮排列在距我们不到一千五百公尺的山上，向我们疯狂地发射炮弹。有一个炮弹在我们的身旁四五步的地方爆炸。当时，张自忠将军的一个随从副官阵亡了，代理参谋处

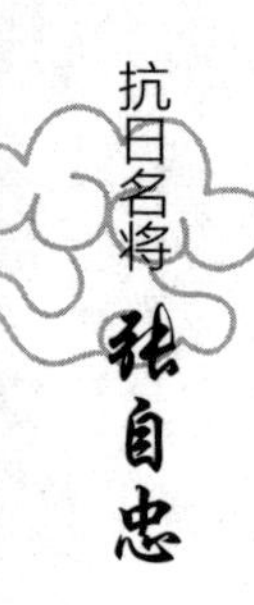

长吴光辽两条腿也受了伤。之后炮弹更像雨点一般地落在我们的前后左右，枪弹更是不住地在头上飞。我们都劝张自忠将军往东北的山脚下移一移，但他坚决不肯。他说："我奉命追截敌人，决不能自己退却！"然后他命令左右的人们全散开，只带着高级参谋张敬来回着督战。张敬矫捷得像游龙一样，一面走着、一面高呼："总司令在此地，谁也不许退！"张自忠将军则比平时严肃，目光炯炯，一副凛然不可侵犯的神情。他的神威确是增加了全线官兵的勇气，任凭敌人攻击得多么凶猛，我们这边很少有人退下来。除非这个山头上的官兵全部牺牲了，否则敌人是不能占据这个山的。所以在那个短短的时间里，敌人付了空前的代价。不过到两点半钟以后，我们南面的一个最近的山头，因为守兵全数牺牲，最终被敌人攻陷了。张自忠将军听到这个消息，怒吼了一声，就跃过我们所在的一个土坡，冲上前去。我们谁也拉不住他。这时东西两面山头的敌人距离我们不过五百公尺，机关枪不停地向我们射击。南面的敌人在山脚下与我仅余的一部手枪队肉搏着。就在这十分钟以后，张自忠将军全身中了六处枪伤，最致命的伤在右胸。据后来他的随从副官马孝堂告诉我说，张自忠将军知道自己的伤已不治，欲拔短剑自裁，随从副官朱增源急忙抱住了他。张自忠将军还声嘶力竭地说："我对国家、对民族、对长官良心都平安！"后来就气绝了。张敬高级参谋身上被敌砍伤好几处，即使这样，他还用手枪打死好几个敌人才死。这个马副官也受了三处重伤，在抬回来不多的时候就死了。还有上校副官洪进田、少校副官贾玉彬等，也都一同牺牲。总计随同牺牲的官长卫士共三百多人。这是何等壮烈且值得纪念与崇拜的民族英雄啊！

一次难忘的前线讲学

这篇回忆文章是当年曾经担任过冯玉祥将军研究室主任的赖亚力写的。一九三九年，冯玉祥曾派他去张自忠所在的第三十三集团军讲学。那段时间，他和张自忠将军有过交往，读者可以从他的讲述中，了解到一个真实的张自忠。

一九三九年初，在冯玉祥将军完成了检阅新兵的任务之后，蒋介石又派冯玉祥将军为督练长官，督练蒋介石的嫡系部队三十六军等三个军。到六月间，督练任务胜利完成，冯玉祥将军督练长官的职务也被撤销。他无所事事、郁郁寡欢，住在重庆南温泉的余家祠堂，隐居读书。

周恩来同志当时领导南方局，住在重庆曾家岩八路军办事处。他了解到冯玉祥将军的上述情况后，就命令办事处做军事统一战线工作的王梓木同志给冯玉祥写了一封恳切的信，建议冯玉祥将军对他的旧部积极做些工作，以增强抗战的力量。梓木同志是张家口西北陆军干部学校的毕业生，他写给老校长的这个建议，冯玉祥将军欣然接受。

恰巧这个时候，三十三集团军总司令张自忠将军来到重庆，冯玉祥将军对他多方勉励，要他回到前线，团结部属，加强训练，准备杀敌。张自忠将军听说冯玉祥将军设立了一个研究室，经常研究国际国内形势，便请冯玉祥将军派一位研究人员，到部队给高级将领们讲一讲抗战形势，统一思想，以鼓舞士气。冯玉祥将军接受了这个请求，决定派我到前线讲学。还同意派身边长期追随他的陈天秩到三十三集团军去工作。

九月间，陈天秩和我便随同张自忠将军乘民生公司的轮船顺长江东下。张将军是抗日的名将，闻名中外。在船上，他约我谈话时虚怀若谷，鼓励我同他的高级将领们讲学时，要毫无拘束，知无不言，言无不尽。下水船很快，船抵湖北重镇宜昌时，集团军总部派来接我们的车子已经在那里等候。我们便分乘两部小车北上。第二天便到达总部的所在地荆门附近的一个村庄。

在总部讲学时，张自忠将军待我如上宾。他同集团军副总司令冯治安将军等几位部队领导人每天和我一起吃饭。席间，他们谈形势、谈部队，谈笑风生。我看见他们团结无间，生死与共的密切关系，深受感动。张自忠将军先组织总部的高级将领听讲。他们都同陈天秩相识，陈天秩也向他们简单地介绍了我，说我从泰山起便是冯玉祥将军研究室的成员，以后又担任该室主任。这为我的讲学带来了很多的方便和勇气。

那时，汪精卫已经逃离重庆，公开叛变投敌，正酝酿成立新的傀儡组织。日军虽已侵占了大半个中国，但因战线太长，兵员短缺，总的抗战形势已进入相持阶段。这支部队两年前在卢沟桥打响了全面抗战的第一炮，是全国军民抗日的先锋，之后临沂大捷粉碎了号称日本铁军的板垣师团的进攻。我讲话中，就说全国军民都相信他们一定能够发扬光荣传统，重创敌人的正面进攻，加上广大敌占区的广泛的游击战争，使日军不断受到打击和削弱，使他们“以华制华”“以战养战”

的阴谋完全破产。抗战的局势迫切需要认真执行孙中山先生的民族主义，坚持抗战；实行民权主义，坚持团结，发动全国人民起来抗日；实行民生主义，改善人民的生活，增加抗日战争的一切物质力量和精神力量。这样，我们就一定能够愈战愈强，通过持久战争，必然取得最后胜利。

张自忠将军对我的讲学表示满意，于是决定分两批从前线临时调回全集团军所有营长以上的指挥官，回到总部听我的讲学。张自忠将军对我的勉励和信任，使我的讲学越发讲得通俗和充满激情，使得他们增强信心，意气高昂地回到前线。我本来拟即离总部回重庆，可是张自忠将军恳切地挽留我，要我再给年轻的低级军官讲几次，要我到三十三集团军干部训练班去讲学。该班坐落在远安县的清溪镇，离总部约七八十里。我和陈天秩天明时骑马出发，黄昏时抵达。当时，张克侠将军是该训练班的教育长。我同张克侠将军早就相熟。第二天一清早我就开始讲学。因为该团学员有更多的时间学习，所以我就讲得更加详细一些。

我除了讲在总部讲的内容以外，还说："当时日本侵略者虽声称不以重庆的国民政府为谈判对相，但是暗中汪精卫仍然存在，妥协的暗流仍在此起彼伏。而国际上的'东方慕尼黑'的阴谋，也正在多方策划中。所以必须坚持抗战，反对妥协，提高警惕性，决不容许在卢沟桥点燃的抗日烽火毁于一旦。还有，那些妥协派的手法，就是以分裂抗日团结来达到投降的目的。所以我们一定要坚持团结，反对分裂。至于中国当前国力同日本侵略者对比，暂时还相差很远。非全国一致，艰苦奋斗，就不能驱逐日本侵略者、收复失地、打到鸭绿江边。所以必须坚持进步，反对倒退。”

我在教导团住了四天，讲了四次，然后，恋恋不舍地同张克侠将军和全教导团的同学们告别。张克侠将军派人送我到异常，我搭轮回重庆向冯玉祥将军汇报。陈天秩则留在教导团工作，之后有一度担任集团军一个军的政治部主任的职务。

这就是我第一次同张自忠将军的会晤，和在他的领导和安排下所做的在抗日前线短期讲学的经过。之后不久，张自忠将军便在重创敌人的正面进攻中，英勇作战，以身殉国。

张自忠将军会见记

此文是当年中国共产党河南竹沟地委干部刘放写的。一九三九年的秋天，他奉命来到湖北荆门会见张自忠将军。全文如下：

一九三九年秋我奉中原局朱理治同志之名去湖北荆门造访之前，只是知其人而未见其面。那一年，我正在河南竹沟即中共地委工作，那里是新四军八团留守处，实际上起着华中地区重要的革命根据地和战略支撑点的作用。从延安、从各地路经这里的人流不断奔向敌后的前方。

中原局为了给豫鄂边区新四军战士过冬赶制棉衣，命我到湖北沣门一带向三十三集团军一七九师何基沣师长进行募捐。何基沣是爱国勇将，是忠于国共合作的志士。他慷慨解囊，将月军饷中约十分之一的费用在深夜交给了我。除这个任务之外，我还受中原局委托，利用私人关系拜访张自忠将军，目的是试商豫鄂敌后新四军与当地友军在抗敌救亡方面进行合作问题。

那是九月初，在荆门营地，我将一个来访的字条递去，张自忠将军当即会见了我。我们先是叙述家世旧情，然后又与他和张克侠将军一同吃了午饭。饭后，张自忠将军单独约我在他小房谈话。他问我新四军如何做军队政治工作，我作了回答。最后，我向他转达了中原局朱理治同志的意思，他听罢点头会意。虽未以言语表达，但我认为是可以理解的。因为当时（一九三九年夏）国民党正开始到处制造反共摩擦。事实证明，张自忠部在反共高潮中，对豫鄂敌后的新四军也没有敌对的行动。我记得在这之前，张执一同志通过张克侠同志也拜访过张自忠将军，反映过张自忠将军对中国共产党、新四军的态度是友好的。

他给我的印象是一位诚挚而没有架子的长者，是一位严肃朴实、报国不分彼此的军人模范。一九四〇年初，美国名记者史沫特莱曾到过武汉外围京山参观新四军，她对新四军敌后艰苦的抗战，倍加称赞，对汉川地方政权用豆子当选票进行选举，认为比美国还民主。她对团结抗战、国共合作很关心。据说，她也曾探询过驻湖北荆门的张自忠将军，问他对敌后新四军“是否合法”的看法。张的回答是“我不懂什么合法不合法，我认为抗战就是合法。”（大意如此）我还记得张自忠将军在察哈尔当省主席时，总是称：“我是军人，不谙政治。”

一个阵亡军官遗属的回忆

这篇回忆的文章是李秀芬口述，冉继整理的。读者可以从中感受到张自忠将军对牺牲的烈士遗属的关怀。全文如下：

我的丈夫冉德明生前曾任张自忠将军的警卫连连长，后来升任三十八师一一四旅二二八团第二营营长。一九三八年三月，在临沂大战中阵亡。

我丈夫阵亡的事，是张自忠将军亲自告诉我的。一九三八年初夏，日寇逼向了河南杞县。当时，在日军的炮火下，我带着两个幼小的孩子与其他难民一道，沿途讨饭，逃到了河南。我母子举目无亲，无家可归。后来遇见了经过台儿庄和徐州会战后刚从山东撤到河南的队伍。我找队伍打听德明的消息，团部的刘团长和旅部的董旅长均未告诉我德明已牺牲的事。旅部派人将我母子三人送到了驻马店去见刚到不久的军长张自忠将军。记得，张自忠将军是在一个低矮的农舍里接见我们的。张自忠将军见到我们母子衣不蔽体，流下了眼泪。当我向张自忠将军诉说了逃难经过并询问我夫的消息时，张自忠将军对我说："冉德明在抗日前线阵亡，为国牺牲了。在抗日战场上牺牲，死得光荣，死得是有价值的。今天我张自忠在，说不定哪天我张自忠也会牺牲在抗日战场上。这是一个军人在国难当头时，对国家应该尽的责任。冉营长已经葬在郑州。人死不能复生，不要过于难过，要坚强地活着，要好好抚养孩子，让他们长大成人，把日本军队赶出中国去，替父报仇。今后有我张自忠一天，就有你们母子一天。你的两个孩子的教育费由我负责。你们现在可以暂随队伍生活。以后我的家眷在哪里，就送你们去哪里，与我的家眷在一块儿。”自此，我才确定我们母子已是孤儿寡母了，我悲痛欲绝。按照张自忠将军的安排，当即由德明生前的两个随身护兵孙义昌和姜汉章从队伍上打饭给我们吃，照顾我们的生活。

据孙义昌、姜汉章二人告诉我，德明在张自忠将军指挥的临沂大战中反复拼杀，被日军的子弹打伤，流血不止，是他二人抬下火线的。德明在担架上死前嘱咐了三件事：一、希望军长张自忠看一看他的尸体；二、要求为他立一块小碑；三、不要将他的死讯告诉家属，战事平定了，望将他的家小送回家乡。这些请求经转告军长张自忠后，张自忠将军含泪看视了德明的遗体，并派他们将遗体运到河南郑州，埋在了当年西北军专门埋葬死难官兵的“义地”里。张自忠将军还亲自为德明的墓碑题了名。

德明牺牲后，张自忠将军曾给予了我母子以无微不至的关怀和照顾。一九三八年七月，我母子随队约住了一个月，在队伍途径武胜关的火车上，张自忠将军于百忙中还带着副官亲自到我坐的车厢来看我，称我“嫂子”，对我倍加鼓励。后因队伍开拔，不便随行，张自忠将军又亲笔写信并委托一参议将我们母子送到了汉口，拜托冯玉祥将军的夫人李德全给予安置。李德全支持抗战，不负重托，将张自忠将军给我的法币一千元转交给我，并说张自忠将军托她转交是因为担心我们在来汉口的路上不安全。她把我们安置在抗日救亡战时儿童保育院。我在院里做保姆，孩子在院里作为难童。从此，我们母子才暂有了个安身之处。由于有张自忠将军的托付，这期间我也多次受到李德全的亲切鼓励和关怀。记得，当年她劝我说："李秀芬！别哭瞎了眼睛，要保住自己的一双眼。眼哭瞎了，你这两个孩子怎么办？"有一次，她还亲到保育院来看我。一九三九年，我们在广西桂林时，张自忠将军和黄维纲将军曾多次来信鼓励我；后来我又得到了有张自忠将军署名的《抗日阵亡军人家属证明书》和《抚恤证》，直到一九四〇年张自忠将军壮烈殉国前，我母子一直与他保持着联系。

忆张自忠将军

这是国民党第五届中央监察委员，陆军中将贺耀组写的回忆张自忠将军的文章，文章里主要写了贺耀组对张自忠的印象，此文选自一九四八年九月出版的《张上将自忠纪念集》。全文如下：

我与张自忠将军面识的日子很浅，但是从契合方面说来，可称相知很深了！理由很简单，就是当这国难严重的关头，见了志士仁人，没有不肝胆相照，一见如故的。

时间是民国二十五年（一九三六年）秋冬之交。我由土耳其回国不久，北平政务委员会以及该会所属的各省市巨头和中央有了隔阂的传闻，一阵阵打击我的耳鼓，并且有人说这是日军特务工作人员在那作祟。我听了这些话觉得很奇怪，同时又坚决相信。因为当时北平政务委员会负责的官长和军队，都是革命历史悠久抗日情绪高涨的志士，而且是冯焕章先生自小教育出来的，他们都是培植甚厚，绝不会为一时恶劣的环境所屈服。就是我所深知的宋哲元将军吧，他当时处境的困难，当非人们所能想象。我在国外看到种种，也曾写信给他表示同情并且鼓励他。后来看到他极力地做出无法令国人相信的应付的举动，而知道他心中含着说不出的悲哀。这个“应付”和“悲哀”，正是反映他耿耿为国的孤忠。

是年十一月中旬，我秘密地前赴平津去和他们接触，和他们讨论国际情形和对敌作战的办法，于是和宋哲元将军重逢了，也就和张自忠将军见面了。当日的平津，诚然是敌军所布的妖烟毒雾笼罩之下，诚然是汉奸间谍鬼影憧憧之中，环境恶劣到了万分，而宋哲元将军以下如张自忠将军和冯治安、刘汝明、秦德纯诸将军，应付的技术也臻于极致。他们政治方面不能不和敌军浪人周旋，而在军事方面，他们以第二十九军为中心时时准备厮杀。尤其是张自忠将军，他所处的天津，是敌军侵华的根据地，是敌军几次耀武扬威压迫我行政官吏的旧场所。他住在市政府内，只是枕戈待旦地表现他的沉着和刚毅。

我和张自忠将军虽是初次见面，但是神交已久，所以见面时毫不客气。我问他敌人压迫的情形和我们对付的方法。他只答：“都准备好了，敌人几时出花样，我就几时拿子弹答复他！”我问他军队装备的情形，他蹙着眉头半天答不出话来。我说：“中小口径的炮和重轻机关枪是现代军队不可少的，天津如果能购买的话，蒋委员长吩咐尽可发给护照。”他说：“现在正有一批捷克兵器可买，只为入口困难，尚在搁置。”我说：“这不成问题，你向中央请领护照就得。”说至此，张自忠将军很高兴，唱了一句戏，打了一路拳。末了，拱手告别。他走了以后，我心里倾服恋恋不置地好半天。当时我自言自语：“燕赵之士，慷慨悲歌，就是这样的气概。”同时我直觉到敌人侵略我国，想把河北当作阿比西尼亚的华尔华尔，想使宋哲元将军当阿比西尼亚的女婿，这真是等于做梦。我在河北住了十余日，与张自忠将军日有往来。这十余日的短短时间，他豪迈的气概，慷慨的言辞，深沉的器宇，热烈的友情给了我深刻的印象。使我时时回首，直至不堪回首的现在，及永远忘不了的将来！

张知行的回忆

我和张自忠将军同在一个建制部队工作，是从一九二三年在南苑陆军检阅使署学兵团开始的。那时冯玉祥将军任陆军检阅使，驻军南苑，设立了一个培训初级干部的学兵团，冯玉祥将军任团长，以后由陆军十一师参谋长石敬亭兼任培训工作，张自忠任团附兼步兵营营长，我当骑兵连连长。

张自忠团附无论练兵还是做事，一向勤奋认真，以身作则，凡事走到前头。学兵团每天清早有“朝会”。全营官兵一听号声，立即跑步赶到集合地点，而他总是早在操场等候了，从来没有迟到过。除了睡觉和吃饭时间外，无论冬夏，他总在兵营大院里转来转去，有时考核课堂学习，有时查看学兵器械体操、劈刀刺枪、拳术，有时抽查内务。各连的厨房伙食管理和厕所卫生，也天天抽查，亲自巡视。发现脏乱之处，轻则告诫，重则惩罚。夏季酷暑蒸人，学兵们都有午休，他先要选择个别连队巡视一番，而后才肯休息，真是一个永不知疲劳的人。

在兵营里，他身边总是带个号兵。在巡视检查时发现了问题，他就令号兵立即吹号，召集连长或排长、班长，立予解决。像这样的临时集合，每天不知有多少次。我们这些当连、排长或班长的，都只得小心翼翼地随时准备听候集合的号音，一点也松懈不得。谁去迟了，就会受到训斥。

张自忠夏季在营房干活时，经常穿着短裤褂，冬季则是一身灰布棉军装。有时到连队厨房去吃饭，边吃边看菜饭做得怎样。如果发现有不符合标准的，就立即召集各连值日排长训话。每逢全军帮助当地人修路、挖河或者植树的时候，他都是亲自参加劳动。平时长途行军，他的乘马常给伤病乘骑，自己徒步行走。他常常引述冯玉祥将军说的几句话："兵要会的，官一定要先会；兵要学的，官一定要先学；兵要做的，官一定要先做。"所以官兵们都很敬重他，爱戴他。

从一九二一年到一九二六年这段时间里，冯玉祥将军统率的军队人数扩充了，编制也不断扩大，而经费却没有增加。一个名额的经费几个人分用，当然很艰苦。张自忠为了让士兵吃饱吃好，就大力改进食堂的工作，在现有经费的基础上，要求多多调剂花样，做出清洁适口的饭菜来。对伤病号的饮食，他尤为关心。

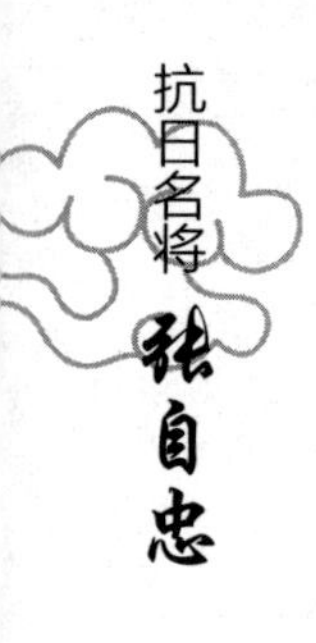

冯玉祥将军为了加强山地作战的预习，从一九二三年七，令全军在营房周围挖成五个阶层的土堆，名曰“假山”，规定每天早晨跑步时要沿着假山上下急行，以增强士兵的山地行军的本领。张自忠每天早晨率领学兵在营地四围的假山上，上下快跑，锻炼爬山越岭的体力，直到个个腰酸腿痛、满头冒汗，才停止活动。这种训练，为后来的山地作战，奠定了有利的基础。

夏季盯着赤日行军，或寒冬冒着飞雪远行，张自忠时常命令部队挑选善唱的“歌手”，组成歌唱队，为大家唱歌消乏。有一次张自忠骑在马上，戴着柳条编织的大帽，帽子后面还插上一条用松树枝做成的清代官员戴的大花翎。他瞪着眼、努着嘴，活似塞万提斯笔下的堂吉诃德先生，引得大家哄然大笑，气氛骤然活跃起来。人们便在笑声里消除了疲劳，胜利地完成了长途行军的任务。

张自忠对官兵的纪律要求很严。有事请假外出，必须准备归队销假，逾期不归而又无正当理由者，罚。外出服装不整、走路抽烟，吃东西或两人以上不排队行走、路遇友军不互相敬礼、都要罚禁足，甚至关禁闭。至于在外酗酒，违章犯纪，轻者罚跪，重者棍责，绝不宽容。按照当时冯军的规定，吃饭前要唱《吃饭歌》，一粥一饭当思来之不易。睡觉前则要集合训话，唱歌，卡得紧、管得严，错一点也不行。他有句口头禅是：“错了，我扒你们的皮！”因此当时官兵给他起了一个诨名——“张扒皮”。其实他对部下的体贴照顾，也是无微不至的。例如官兵家中生老病死的事情，官兵个人的饮食起居，他都要过问，及时帮助解决。所以他又是官兵的贴心人。

当年营部就设在兵营大院，张自忠的住室是我们经常出入的地方。每逢节假日或课间休息时间，学兵们三三两两总喜欢到他的住室谈天，听他讲笑话。有时人们故意把他的手表或心爱的什物藏起来，等他遍寻无着的时候才拿出来。这时他会亲昵地揍那人一拳，说道：“看我不扒你的皮！”小屋里立刻充满了欢乐的笑声。有时他也把自己的用品藏起来，叫学兵们去找，找到的有奖，找不到的就罚“立正”。张自忠平日有一种习惯，不高兴的时候他常用两手摸着臀部默不作声。学兵们一见他如此就远远地避开他，此时谁接近他，就逃不了一顿训斥。若是他两手叉腰，面带笑容，学兵们就走近他身边，抢他的钢笔或怀表，要他拿钱或糖果来交换。有的士兵还跑到他的住室后面窗口，向他索要吃的东西。在当时北洋军队官气十足的环境里，张自忠团附没有一点官架子，实在是难能可贵的。

陈芳芝的回忆

五十九军五三八团团长陈芳芝是张自忠的部将，他回忆了在一九三九年三月中旬到四月底，他率领五三八团跟随张自忠将军在襄河岸与日军战斗的那段难忘的军旅生活。内容如下：

一九三八年九月，在武汉会战中，第三十三集团军张自忠部奉命掩护大军向鄂西地区转移。胜利完成任务后，到达钟祥、荆门、宜城地区，占领汉水沿岸，阻止日军西犯，同时进行整顿补充。总司令部驻荆门北快活铺夏家湾。

武汉失守后，形势更加恶化。荆沙地区是国民党政府陪都重庆的门户。最高统帅部决定固守汉水，确保荆沙地区。第五战区为了作战指挥便利，划分为三个兵团。司令长官李宗仁命孙连仲为左翼兵团总司令，指挥第三十军池峰城部和第六十八军刘汝明部和地方部队。

三月中旬，张自忠从战区老河口开会回到总部后，召集五十九军团长以上军官开会，指示对日军作战计划。张自忠命各部急速准备与敌人作战。他说："现在国家到了危亡时期，我们应下定决心为国家为民族与日军一拼。打日本军队，死了是最光荣的。只要敌人敢来碰一下，我们就倾全力将敌人消灭在襄河地区。"他问我们战胜敌人的条件是什么，我说是官兵士气旺盛。张自忠说："对！只要我们官兵的士气旺盛，一人拼命、十人难当，尤其是官长，要能身先士卒。"他指示各部队多派便衣，将敌情弄清楚。敌人如进犯，第一线部队诱敌深入，第二线要不顾一切攻打，集中全力将敌人消灭。在敌人没有向我们进攻之前，多作消灭敌人的准备，多作步炮协同作战训练，以减少我们的伤亡。他命参谋处订出计划，派人到各部队考试，指示各部队官兵对抗战认识的教育。

一九三九年三月中旬，第五十九军一八〇师刘振三部奉命在襄河东岸钟祥县长寿店以南对洋梓镇的日军警备，阻止敌人北犯。左翼与大洪山的二十九集团军联系，右翼与第七十七军冯治安部联系。刘振三命我带第五三八团为第一线警备部队，阻止日军北进。第一八〇师第五三九团、五四〇团驻长寿店西北，为师预备队，师部驻吴家冲。

一九三九年四月中旬，日军以三个多师团的兵力分三路向我军进攻：一路从信阳地区向确山我左翼兵团六十八军刘汝明进攻；另一路从应山、花园地区向随县地区进攻。日军主力第十三师团临时配合两个联队和骑兵第二旅团于四月二十二日早五点在敌机、坦克掩护下，集中炮火向我第一八〇师五八三团阵地猛攻。经过一天的激烈战斗，日军突破我第一营阵地，向长寿店进攻，被我团和我第五四〇团两面夹攻，将其阻止在长寿店以南周家冲等地区。十四日上午五时，敌人又集中全力向我军阵地猛攻，战斗约历一小时。敌人由十余辆坦克掩护步兵向我第五三八团、五四〇团之间猛突。由于敌我兵力悬殊，敌人将我阵地突破。当时，师长刘振三给我打电话，命我向丰乐河、转斗湾地区撤退。总司令张自忠命我师诱敌深入，将敌人诱到田家集流水沟地区，然后用全力将敌人歼灭在襄河东岸。听说总司令准备亲带第三十八师和三十七师、骑兵师等部，从宜城流水沟地区渡河截击敌人，将北犯的日军消灭在田家集、黄龙垱地区。他命第七十七军冯治安部从荆门西北地区贺家集渡河，侧击日军的左后方；命第二十九集团军王瓒绪部从大洪山向敌人右侧背进攻，并派一部兵力向京钟公路进攻，阻止日军增援部队；命第一八〇师在丰乐河以东地区集结，阻止日军，并准备将北进的敌人的后路截断，协同我第三十八师、骑兵师等夹击敌人，将日军歼灭在田家集以北地区。当天晚九点钟左右，接到总司令部通报，第五战区命第五集团军孙震部从樊城渡河，已达到黄龙垱以北，命广西部队一个军从襄阳渡河，协同二十二集团军向敌人猛攻，战区准备将日军歼灭在黄龙垱、罐子口地区。

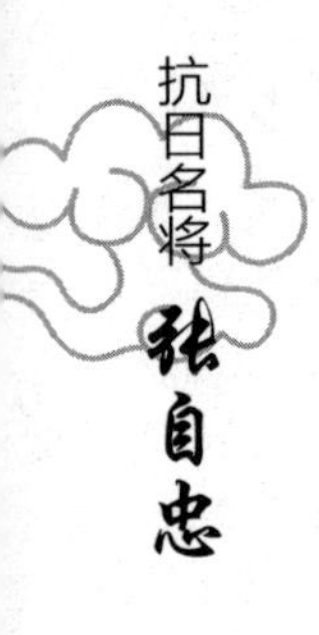

二十五日晚，第三十八师从流水沟渡河后，占领阵地，阻止日军渡河。当晚，北进的敌人占领田家集之后，主力继续北犯。其一部兵力向我第三十八师黄维纲部猛攻。经过一昼夜的激战，敌人伤亡很重，向后撤退。总司令张自忠命第三十八师向敌人猛追，追到田家集西北地区，与敌人展开激战。张自忠命第一八〇师刘振三部以全力从丰乐河东南向田家集以南的敌人猛攻，协同第三十八师夹击敌人。刘振三受命之后，给我打电话说："总司令已从宜城渡河，亲自指挥向敌人进攻，正在田家集西北地区与敌人激战中。命第五三九团一部向长寿店进攻，命第五三八团和五四〇团向田家集以南之敌人进攻。"我五三八团到达郭家冲，发现日军约有二千余人向北行进。当时，我即命第一、二两营向敌人侧背猛攻，同时向师部报告日军情况和我团对敌人进攻的处置。我们在田家集西南郭家冲东北地区与敌人激战约三小时之久，将日军一部击溃。同时，师长刘振三命我团和五四〇团分两路向田家集方向进攻，在田家集西南约十里地处与敌人展开激战。当天下午，敌人飞机五架，向我军阵地轰炸扫射。不久，日军约有一千多人向我正面猛攻。我团和五四〇团从两面夹击，反复突杀，将敌人阻止在我阵地前。敌、我双方伤亡都很重。

收复原阵地之后，因我军在这次战役中损失很大，张自忠命第一线留一部阻止敌人，其主力撤到襄河西岸荆门、宜城、孔家湾地区整补。

第三十三集团军张自忠部受到最高统帅部和战区的嘉奖，给予奖金十万元。张自忠将奖金全部分配给各部队在这次战役中的有功人员。有功人员各升一级。此后，士气更加旺盛。

后记

今年，是抗日战争胜利七十周年，虽然硝烟散去，和平鸽在自由的飞翔，但是，战争的阴影依然笼罩在那些受害人的心里，始终无法散去。从一九三七年到一九四五年，八年的抗战，多少官兵牺牲在战场，多少无辜的百姓被日军杀害，南京大屠杀，记录着那段惨痛的历史。因此，每当面对烈士纪念碑时，我的热血便在心中澎湃。

激情再澎湃，那也是种高昂的情绪，要把激情转化为文字，那就需要付出艰辛和汗水。写张自忠传记，对我来说并不轻松，从查找资料到写作，付出了很多的努力。有时候白天没时间写作，只能晚上熬夜写作，对着电脑，看着资料，一个一个字在键盘上敲打出来，对我来讲也是一件很辛苦的事情，但我无怨无悔。

对于七〇后的我来说，虽然读过一些近代的历史书籍，但是，想要拨开历史的迷雾，看清楚一些本质的东西，并恰当地融入自己的书中，这确实还需要一定的高度和把握历史的尺度。

民国这段历史，说远不远，说近不近。我在和朋友聊天的时候，也时常把民国时代的历史人物和杰出人物挂在嘴边；但是，某一天真的要把像张自忠这样的人物，写成一本能够给读者带来启迪的有价值的图书，绝对不是一件容易的事情。

对传记，尤其是编著类的传记，很多作家都不屑一顾，更有人对我说："有啥了不起，不就是抄点资料，组合在一起，就成了一本传记了吗？"我想，说这样的话的人，确实是不了解传记这种写作形式，也不了解传记作者付出了多少心血。编著类的传记，需要的不仅仅是资料，更需要扎实的文字功底和啃硬骨头的精神。

尤其是张自忠这样的抗日英雄，在写关于他的书的时候，一定要透过现象看到本质，不能雾中看花，人云亦云。我在撰写张自忠的时候，查阅了大量的资料。说实话，仅仅依靠网络上的那点资料，十六万字的书是很难完成的。而且，我认为：网络资料虽然方便查阅，但有时候也存在不详细和不准确的问题。

比如：在如何看待张自忠将军当年被人诬陷为汉奸的问题上，有些人依然认为存在疑点。如果持有这样观点的人仍然存在的话，会伤害到将军的后代和中国人的心。所以说：编写历史和历史人物的传记，是最难的。而在查阅大量资料之后，我才真正明白了那段历史，也明白了张自忠将军当年的委屈和无奈，更读懂了将军最终要以身殉国的原因。

我在网站上还发现了一篇网友攻击张自忠将军的帖子，大意就是：张自忠去日本访问是亲日的表现，他私自签订了《香月细目》，他还逼走了宋哲元，这就成了张自忠将军所谓的三大罪状。有位正义的网友在贴吧上驳斥了此人的不良用心，他认为此人就是个心怀不轨的人，以攻击污蔑英雄为本事，甚至在网上传播谣言，造成恶劣的影响。

此书以真实的历史为依据编写并出版。那些造谣的人应该仔细想想：当年，日军在天津有驻军、有租界，张自忠若真的亲日，在天津时就会表现出来，干吗非要带着女儿和亲戚，还有冀察和二十九军代表团，坐船跑到日本去实行所谓的亲日举动呢？

六十年代写文章攻击张自忠的何基沣，当时是与张自忠一起去日本的。在谈到张自忠去日本考察的事情时，他都没有说张自忠赴日考察是亲日的举动。作为当年亲身见证此事的何基沣，是不会拿这种事情胡说八道的。有人骂张自忠是汉奸，说是他在条约上签了字，很显然，说这句话的人就是真的不懂了。签订条约，那是以国家和国家的名义签订的，与张自忠个人无关，凭这点就质疑张将军的人格，是非常武断和不负责任的行为。